Wortschatz einfach praktisch
Kroatisch

Die wichtigsten Wörter und Wendungen

Ljiljana Sofic

Hueber Verlag

3. 2. 1. | Die letzten Ziffern
2017 16 15 14 13 | bezeichnen Zahl und Jahr des Druckes.
Alle Drucke dieser Auflage können, da unverändert, nebeneinander benutzt werden.
1. Auflage

Redaktion: Heike Birner, Sibylle Haeffner, Hueber Verlag, Ismaning
Umschlaggestaltung: creative partners, München
Umschlaggestaltung Abbildung: wentzlaff/pfaff/güldenpfennig kommunikation GmbH, München
Umschlagfotos: Frau: © getty images/Stockbyte; Krawatte: © Thinkstock/iStockphoto
Zeichnungen: Bettina Kumpe, Braunschweig
Layout: Sarah-Vanessa Schäfer, Hueber Verlag, Ismaning
Satz: Sieveking · Verlagsservice, München
Printed in Germany
ISBN 978-3-19-909614-6

Einführung

Der „Wortschatz einfach praktisch Kroatisch" hilft Ihnen, sich schnell und mühelos die wichtigsten kroatischen Wörter und Redewendungen anzueignen. Die 12 thematisch gegliederten Kapitel enthalten circa 1.000 Wörter sowie zusätzlich circa 400 gängige Redewendungen. Ob Sie alleine oder im Kurs lernen, ob Sie einen kurzen Aufenthalt im Land planen, sich auf bestimmte Themen oder Situationen gezielt vorbereiten oder systematisch einen Basiswortschatz aufbauen möchten – durch seine klare, thematische Anordnung und Aktualität ist der „Wortschatz einfach praktisch" das ideale Mittel.

Wie verwende ich den Wortschatz einfach praktisch?

1. Die 12 thematisch gegliederten Hauptkapitel ermöglichen es Ihnen, sich die wichtigsten Wörter eines Sachgebiets rasch zu erschließen. Alle Wortlisten sind ergänzt durch einfache, aktuelle Beispielsätze.
2. Die farbig hervorgehobenen Informationsfelder erklären wichtige sprachliche und landeskundliche Zusammenhänge.
3. Mit den Kurztests nach jedem Kapitel können Sie auf unterhaltsame Weise Ihren Lernfortschritt überprüfen bzw. das Gelernte festigen. Die Lösungen zu den Tests finden Sie im Anhang dieses Buches.
4. Im Internet unter **www.hueber.de/audioservice** können alle Wörter und Redewendungen zum Anhören heruntergeladen werden.

Wie präge ich mir neue Wörter ein?

→ Sehr hilfreich ist es, die Wörter laut zu sprechen. Nutzen Sie dabei die Hinweise zur Aussprache auf der hinteren Umschlaginnenseite.

→ Decken Sie in den Wortlisten jeweils eine Spalte ab – Kroatisch oder Deutsch – und übersetzen Sie die Wörter. Kontrollieren Sie sich anschließend. Ändern Sie die Reihenfolge, in der Sie die Wörter lernen.

→ Üben Sie 8–10 neue Einheiten pro Tag. Wiederholen Sie regelmäßig die an den Tagen zuvor gelernten Wörter.

→ Ihr Lernerfolg wird größer, wenn Sie regelmäßig jeden Tag circa 15 Minuten intensiv lernen, als einmal in der Woche eine Stunde.

→ Verwenden Sie Karteikarten und tragen Sie sie bei sich. Schreiben Sie auf eine Seite das deutsche Wort, auf die andere Seite die kroatische Übersetzung, möglichst mit einem Beispielsatz.

Inhaltsverzeichnis

Vorbemerkungen

Artikel

Das Kroatische hat weder bestimmte noch unbestimmte Artikel:
selo = Dorf, das Dorf, ein Dorf.

Genus der Substantive

Wie im Deutschen gibt es im Kroatischen drei grammatikalische Geschlechter: Maskulinum (männlich), Femininum (weiblich) und Neutrum (sächlich).

Substantive sind in der Regel

- Maskulinum, wenn sie auf einen Konsonanten enden.
- Femininum, wenn sie auf *-a* enden.
- Neutrum, wenn sie auf *-o* oder *-e* enden.

Seltener sind weibliche Substantive, die auf einen Konsonanten enden (z. B. *glad* = Hunger, *laž* = Lüge, *noć* = Nacht). Bei diesen und weiteren Ausnahmen wird im vorliegenden Wortschatz das Geschlecht angegeben.

Der Genitiv

Der Genitiv hat in der Regel die Endung

- *-a* bei den Maskulina (z. B. *čovjek, -a* = Mensch, Mann),
- *-e* bei den Feminina (z. B. *žena, -e* = Frau),
- *-a* bei den Neutra (z. B. *more, -a* = Meer).

Alle anderen, abweichenden Formen werden im vorliegenden Wortschatz aufgeführt.

Der Genitiv antwortet auf die Frage „von wem/wovon/wessen".

Außerdem haben einige Präpositionen den Genitiv, z. B. *iz* = aus, von (*iz Zagreba* = aus Zagreb), *bez* = ohne (*bez šećera* = ohne Zucker).

Pluralbildung

Der Nominativ Plural hat in der Regel die Endung

- *-i* bei den Maskulina (z. B. *student, -i* = Student),
- *-e* bei den Feminina (z. B. *škola, -e* = Schule),
- *-a* bei den Neutra (z. B. *selo, -a* = Dorf).

Daher werden auch hier nur die Ausnahmefälle angegeben.

Adjektiv und Adverb

Die Adjektive stimmen im prädikativen und attributiven Gebrauch mit den Substantiven überein. Z. B. *lijepa žena* (attr.) = schöne Frau; *žena je lijepa* (präd.) = Die Frau ist schön.

Von fast jedem Adjektiv kann ein Adverb gebildet werden. Die Adverbialformen sind nicht gesondert aufgeführt.

Aspekte der Verben

Im Kroatischen gibt es wie in allen slawischen Sprachen das Phänomen des Aspekts beim Verb, der – vereinfacht gesagt – dazu dient, unvollendete (imperfektive) Handlungen von vollendeten (perfektiven) zu unterscheiden. Verben des vollendeten Aspekts bezeichnen eine Handlung in ihrer Einmaligkeit oder in ihrem Ergebnis, Verben des unvollendeten Aspekts dagegen die Handlung in ihrem Verlauf, ihrem Andauern oder ihrer Wiederholung: *pomagati* (= helfen) zeigt das Andauern der Handlung an, während *pomoći* eine Handlung ist, die schon abgeschlossen wurde.

In diesem Wortschatz ist die imperfektive (unvollendete) Form zuerst angegeben.

Instrumental

Ebenfalls wie in allen slawischen Sprachen gibt es im Kroatischen einen Instrumentalfall, der auf die Frage „Womit?“ oder „Mit wem?“ antwortet. Der Instrumental steht ohne Präposition, wenn er ein Mittel oder Werkzeug bezeichnet (z. B. *putujem autobusom* = Ich fahre mit dem Bus). Beispiele dafür finden sich im Buch im Kapitel 10 Reise und Verkehr.

Lokativ

Im Kroatischen gibt es auch wie in allen slawischen Sprachen einen Lokativfall. Der Lokativ gibt vor allem (aber nicht nur) den Ort an. Er steht nur in Verbindung mit Präpositionen

- auf die Frage „wo?" mit *u* = in und *na* = an, auf,
- auf die Frage „über wen oder was?" mit *o* = von, über.

Beispiele finden sich im vorliegenden Wortschatz u.a. bei den Monatsnamen.

Synonyme

Regionale Varianten, Lehnwörter aus anderen Sprachen, die Rückübersetzung von Internationalismen und andere Einflüsse führen dazu, dass es oft zwei oder mehr kroatische Wörter für ein deutsches Wort gibt. Die Wörter werden parallel benutzt, in einem Gespräch spricht die gleiche Person z. B. von *tetka* und *strina* (Tante). Der vorliegende Wortschatz führt daher die gebräuchlichen Synonyme auf.

Familie und Bekanntschaften

Članovi obitelji

Familienmitglieder

majka/mati	Mutter
mama	Mama
otac, oca *gen.*	Vater
tata	Papa
roditelji	Eltern
sin	Sohn
kći *f.*/kćer *f.*, -i *gen. pl.*	Tochter
dijete	Kind
dječak	Junge
djevojčica/djevojka	Mädchen
brat	Bruder
moj mlađi brat	mein jüngerer Bruder
sestra	Schwester
moja starija sestra	meine ältere Schwester

braća i sestre	Geschwister
djed	Großvater
baka	Großmutter
baka i djed	Großeltern

unuk	Enkel
unuka	Enkelin
stric	Onkel (väterlicherseits)
ujak	Onkel (mütterlicherseits)
tetka/teta	Tante
strina	Tante (väterlicherseits)
ujna	Tante (mütterlicherseits)
bratić	Cousin
sestrična	Cousine
nećak	Neffe
nećakinja	Nichte
muž/suprug	Ehemann
žena/supruga	Ehefrau
bračni par/supružnici	Ehepaar
zet	Schwiegersohn
nevjesta/snaha	Schwiegertochter
svekar, -kra *gen.*/ punac, -nca *gen.*	Schwiegervater
svekrva/punica	Schwiegermutter
šurjak	Schwager
šurjakinja	Schwägerin
prijatelj	Freund
prijateljica	Freundin
zaručnik	Bräutigam
zaručnica	Braut

Poznanstva

Bekanntschaften

Bog, kako si?	Hallo, wie geht es dir?
Kako ste?	Wie geht es Ihnen?
Kako se zoveš?	Wie heißt du?
Kako se zovete?	Wie heißen Sie?
Ja se zovem ...	Ich heiße ...

Drago mi je upoznati Vas.	Freut mich, Sie kennenzulernen.

Gdje stanuješ?	Wo wohnst du?
Gdje stanujete?	Wo wohnen Sie?
Ja stanujem u ...	Ich wohne in ...
Odakle si?	Woher kommst du?
Odakle ste?	Woher kommen Sie?
Ja sam iz ...	Ich bin aus ...
Koliko imaš godina?	Wie alt bist du?
Koliko imate godina?	Wie alt sind Sie?
Ja imam 26 godina/24 godine.	Ich bin 26/24 Jahre alt.
Što si po zanimanju?	Was machst du beruflich?
Što ste po zanimanju?	Was machen Sie beruflich?
Ja sam tajnica.	Ich bin Sekretärin.
A gdje radiš?	Und wo arbeitest du?
A gdje radite?	Und wo arbeiten Sie?
Ja radim u uredu.	Ich arbeite in einem Büro.
Kad sie rođen?	Wann wurdest du geboren?
Kad ste rođeni?	Wann wurden Sie geboren?
Rođen sam 5. srpnja 1983. godine.	Ich wurde am 5. Juli 1983 geboren.
Ja sam neudana.	Ich bin ledig (Frau).
Ja sam neoženjen.	Ich bin ledig (Mann).
udana	verheiratet (Frau)
oženjen	verheiratet (Mann)

Ledig und verheiratet

Im Kroatischen gibt es für „ledig" und „verheiratet" unterschiedliche Wörter, je nachdem, ob man eine Frau oder ein Mann ist. Vor der Heirat ist der Mann *neoženjen* = ledig, die Frau ist *neudana*. Nach der Heirat ist die Frau *udana* = verheiratet, der Mann ist *oženjen*.

razveden – razvedena	geschieden
udovac, -vca *gen.* – udovica	Witwer – Witwe
Kakvi su Vaši novi susjedi?	Wie sind Ihre neuen Nachbarn?
Oni su ljubazni.	Sie sind freundlich.
neljubazan	unfreundlich
Imate li djecu?	Haben Sie Kinder?
Da, ona su veoma dobra.	Ja, sie sind sehr brav.

Opis osoba

Beschreibung von Personen

zgodan – zgodna	hübsch
ružan	hässlich
vitak	schlank
debeo	dick
visok	groß
nizak	klein
živ/živahan	lebhaft
miran	ruhig
zanimljiv	interessant
dosadan	langweilig
star	alt
mlad	jung
Ona ima plave oči.	Sie hat blaue Augen.
On nosi bradu.	Er trägt einen Bart.
brkovi	Schnurrbart
Nosim naočale.	Ich trage eine Brille.
Ona je plava.	Sie ist blond.

On ima crnu kosu.	Er hat schwarze Haare.
duga kosa	lange Haare
kratka kosa	kurze Haare
kovrčava kosa	krause Haare
ravna kosa	glatte Haare

Dogovori i flertovanja

Verabredungen und Flirten

Imaš li večeras vremena?	Hast du heute Abend Zeit?
Mogli bismo večeras ići u kino.	Wir könnten heute Abend ins Kino gehen.
Želiš li ići na ples?	Hast du Lust, tanzen zu gehen?
Pozivam te na večeru.	Darf ich dich zum Abendessen einladen?
Smijem li Vas pozvati na kavu?	Darf ich Sie zu einem Kaffee einladen?
Kako bi bilo sa čašicom vina?	Wie wär's mit einem Gläschen Wein?
Hocemo li prošetati?	Wollen wir einen Spaziergang machen?
Sjajna ideja!	Super Idee!
Slažem se!	Einverstanden!
U koliko sati se vidimo?	Um wie viel Uhr treffen wir uns?
Gdje se vidimo?	Wo treffen wir uns?
U pola osam pred kinom?	Um halb acht vor dem Kino?
Ne, malo kasnije.	Nein, etwas später.
Večeras, nažalost, nemam vremena.	Heute Abend habe ich leider keine Zeit.
Žao mi je, radije idem u kazalište.	Tut mir leid, ich gehe lieber ins Theater.
Ne volim plesati.	Ich tanze nicht gern.
Kako bi bilo sutra?	Wie wär's mit morgen?
Sutra mi odgovara.	Morgen passt mir gut.
Imaš lijepe oči.	Du hast schöne Augen.

Hvala, to je vrlo ljubazno od tebe. Danke, das ist sehr nett von dir.
Tvoj hrvatski je odličan. Dein Kroatisch ist ausgezeichnet.

Možemo li se uskoro ponovno vidjeti? Können wir uns bald wieder sehen?
Rado ću te otpratiti kući. Ich begleite dich gern nach Hause.
Poželio sam te. Ich habe dich vermisst.

Begrüßung und Abschied

Bog!	Hallo (unter Freunden und Bekannten)
Dobro jutro!	Guten Morgen!
Dobar dan!	Guten Tag!
Dobra večer!	Guten Abend!
Bog!	Tschüss!
Doviđenja!	Auf Wiedersehen!
Do skora!	Bis bald!
Do sutra!	Bis morgen!

Točno vrijeme

Uhrzeit

U koliko sati? Um wie viel Uhr ...?
U jedan sat. Um ein Uhr.

U sedam.	Um sieben Uhr.
U tri i petnaest/i četvrt.	Um Viertel nach drei.
U pola sedam.	Um halb sieben.
Petnaest do devet/četvrt do devet.	Um Viertel vor neun.
pola sata prije	eine halbe Stunde früher
pola sata kasnije	eine halbe Stunde später

Dani u tjednu
Wochentage

ponedjeljak, -ljka *gen.*/ u ponedjeljak	Montag/am Montag
utorak, -rka *gen.*/u utorak	Dienstag/am Dienstag
srijeda/u srijedu	Mittwoch/am Mittwoch
četvrtak, -tka *gen.*/u četvrtak	Donnerstag/am Donnerstag
petak, -tka *gen.*/u petak	Freitag/am Freitag
subota/u subotu	Samstag/am Samstag
nedjelja/u nedjelju	Sonntag/am Sonntag

Imena mjeseci
Monatsnamen

siječanj, -čnja *gen.*/u siječnju	Januar/im Januar
veljača/u veljači	Februar/im Februar
ožujak, -jka *gen.*/u ožujku	März/im März
travanj, -vnja *gen.*/u travnju	April/im April
svibanj, -bnja *gen.*/u svibnju	Mai/im Mai
lipanj, -pnja *gen.*/u lipnju	Juni/im Juni
srpanj, -pnja *gen.*/u srpnju	Juli/im Juli
kolovoz/u kolovozu	August/im August
rujan, -jna *gen.*/u rujnu	September/im September
listopad/u listopadu	Oktober/im Oktober
studeni/u studenom	November/im November
prosinac, -nca *gen.*/u prosincu	Dezember/im Dezember

***Nazivi mjeseci* = Monatsnamen**

Die Monate tragen im Kroatischen alte slawische Namen. Anders als Januar, Februar, etc. beschreiben sie den Wechsel der Natur und der bäuerlichen Arbeit in den Jahreszeiten. Hier einige Beispiele:
Im Januar, *siječanj,* muss man Holz hacken (= *sjeći*), weil das Wetter kalt ist.
Im April, *travanj,* wächst *trava* = Gras.
Der Juni, *lipanj,* hat seinen Namen von *lipa* = Linde.
Im Juli, *srpanj,* schneidet man das Gras mit der Sichel (= *srpom*).
Im August, *kolovoz,* fährt der Wagen (= *kola*) die Ernte nach Haus.
Listopad, Oktober, heißt, dass die Blätter fallen (*list* = Blatt).
Im November, *studeni,* ist es kalt (= *studen*).
Im Dezember, *prosinac,* fällt Schnee (= *prosipa*).
Oft nummeriert man die Monate, statt die Monatsnamen zu benutzen, man sagt z. B. *prvi mjesec* = erster Monat für *siječanj.*

Godišnja doba

Jahreszeiten

proljeće/u proljeće	Frühling/im Frühling
ljeto/ljeti	Sommer/im Sommer
jesen/u jesen	Herbst/im Herbst
zima/zimi	Winter/im Winter

1 **Ergänzen Sie die Verwandtschaftsbezeichnungen aus Ihrer Perspektive.**

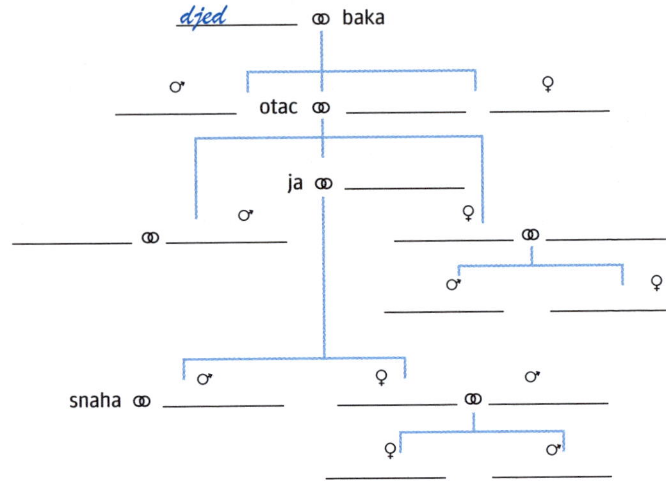

2 **Schreiben Sie das Gegenteil der folgenden Adjektive auf.**

a. miran ______________________

b. zanimljiv ______________________

c. visok ______________________

d. mlad ______________________

e. vitak ______________________

f. lijep ______________________

3 Was fehlt? Ergänzen Sie.

a. ponedjeljak – utorak – srijeda – ____________________

b. petak – subota – ____________________

c. prosinac – siječanj – ____________________ – ožujak

d. zima – proljeće – ljeto – ____________________

4 Ordnen Sie die Monatsnamen der Reihe nach.

ožujak	~~siječanj~~	prosinac	rujan
studeni	kolovoz	veljača	srpanj
listopad	travanj	svibanj	lipanj

a. *siječanj*

b. ____________________

c. ____________________

d. ____________________

e. ____________________

f. ____________________

g. ____________________

h. ____________________

i. ____________________

j. ____________________

k. ____________________

l. ____________________

Wohnen

Opći izrazi o stanovanju

Allgemeine Wendungen rund ums Wohnen

Živim u stanu ...	Ich lebe in einer Wohnung, ...
... a mi u kući.	... und wir in einem Haus.
kuća u nizu	Reihenhaus
polovica kuće	Doppelhaushälfte
unajmljen stan	Mietwohnung
vlastiti stan	Eigentumswohnung
kat	Stockwerk
na trećem katu	im 3. Stock
prizemlje	Erdgeschoss
neboder	Wolkenkratzer
zgrada sa dizalom	ein Haus mit Lift
stepenice	Treppe
u gradu	in der Stadt
selo	Dorf
gradska četvrt	Stadtviertel
u centru	im Zentrum
na periferiji	am Stadtrand
na selu	auf dem Land

Stambene prostorije i kućanske djelatnosti

Wohnräume und häusliche Tätigkeiten

dnevna soba	Wohnzimmer
stanovati	wohnen
blagovaonica	Esszimmer
jesti	essen
spavaonica	Schlafzimmer
spavati	schlafen

dječja soba	Kinderzimmer
igrati se	spielen
kuhinja	Küche
kuhati	kochen
kupaonica	Badezimmer
tuširati se	duschen
garderoba	Garderobe
obući kaput	Mantel anziehen
skinuti jaknu	Jacke ausziehen
tavan	Dachboden
podrum	Keller
soba za hobi	Hobbyraum
radna soba	Arbeitszimmer
zimski vrt	Wintergarten
čitati novine	Zeitung lesen
balkon	Balkon
terasa	Terrasse
roštiljati	grillen

vrt	Garten
zalijevati cvijeće	Blumen gießen
trava	Rasen
kositi travu	Rasen mähen
garaža	Garage

parkirati auto	Auto abstellen
bazen	Swimmingpool
plivati	schwimmen
prati prozore	Fenster putzen
usisavati prašinu	Staub saugen
prati	waschen
glačati	bügeln
oprati posuđe	Geschirr abwaschen
pospremati sobu	Zimmer aufräumen
spremati doručak	Frühstück machen
kuhati ručak	Mittagessen kochen
peći kolače	Kuchen backen
postaviti stol	Tisch decken
pospremiti stol	Tisch abräumen
napisati kupovnu listu	Einkaufsliste schreiben

Pokućstvo i uređenje

Möbel und Einrichtung

stol	Tisch
stolac, -lca *gen.*	Stuhl
klupa	Bank
ormar	Schrank
kauč	Couch
jastuk	Kissen
naslonjač	Sessel
stolac za njihanje	Schaukelstuhl
polica	Regal
krevet	Bett
madrac	Matratze
jastuk	Kopfkissen
plahta	Bettlaken
poplun	Bettdecke
noćni stolić	Nachttisch

ormar za odjeću	Kleiderschrank
radni stol	Schreibtisch
umivaonik	Waschbecken
kada	Badewanne
tuš	Dusche
toaleta	Toilette
slavina	Wasserhahn
zastor	Gardine/Vorhang
biljka	Pflanze
vaza za cvijeće	Blumenvase
slika	Bild
lampa	Lampe
stajaća lampa	Stehlampe
strop	Zimmerdecke
zid	Wand
vrata	Tür
prozor	Fenster
tapeta	Tapete
pod	Fußboden
tepih	Teppich
keramička pločica	Fliese
zrcalo	Spiegel

Kućanski aparati
Haushaltsgeräte

perilica za rublje	Waschmaschine
sušilica za rublje	Wäschetrockner
glačalo	Bügeleisen
perilica za posuđe	Geschirrspüler
hladnjak	Kühlschrank
škrinja za duboko zamrzavanje	Gefriertruhe
mikser	Mixer
otvarač za limenke	Dosenöffner

stroj za rezanje kruha	Brotschneidemaschine
toster	Toaster
štednjak	Herd
mikrovalna pećnica	Mikrowellenherd
pećnica	Backofen
bušilica	Bohrmaschine
odvijač	Schraubenzieher
kosilica za travu	Rasenmäher

1 **Ergänzen Sie die passenden Verben bei den folgenden häuslichen Tätigkeiten.**

a. *kuhati* ____________ ručak

b. ____________ prašinu

c. ____________ travu

d. ____________ novine

e. ____________ prozore

f. ____________ cvijeće

2 **Was gehört wozu? Verbinden Sie.**

a. kuhinja	naslonjač
b. dnevna soba	štednjak
c. kupaonica	krevet
d. dječja soba	stol
e. blagovaonica	dječji krevet
f. spavaonica	tuš

3 **Was gehört nicht in die Reihe? Streichen Sie durch.**

a. štednjak pećnica ~~tepih~~ mikrovalna pećnica

b. mikser hladnjak perilica za rublje kosilica za travu

c. noćni stolić slavina plahta jastuk

d. lampa zastor slika bušilica

Kleidung

Komadi odjeće
Kleidungsstücke

haljina	Kleid
suknja	Rock
bluza	Bluse
pulover	Pullover
košulja	Oberhemd
kravata	Krawatte

Die Krawatte

Das Wort „Krawatte" leitet sich von „Kroate", französisch *à la croate* ab: Man erzählt, dass kroatische Reiter Krawatten als Teil ihrer Uniform trugen. Der Legende nach sah König Ludwig XIV. von Frankreich dies bei einer Parade und führte die Krawatte daraufhin am französischen Hof ein.

majica	T-Shirt
hlače	Hose
traperice/jeans	Jeans
pojas	Gürtel
odijelo	Anzug
kostim	Kostüm
jakna	Jacke
prsluk	Weste
čarape	Socken
dokoljenke	Kniestrümpfe
hulahupke	Strumpfhose
kaput	Mantel
rukavice	Handschuhe
šal	Schal
kapa	Mütze

šešir	Hut
pidžama	Schlafanzug
kupaće gaće	Badehose
kupaći kostim	Badeanzug
cipele	Schuhe
čizme	Stiefel
sandale	Sandalen
tenisice	Turnschuhe

Izrazi
Redewendungen

Mogu li vam pomoći?	Kann ich Ihnen helfen?
Ne hvala, samo gledam.	Nein danke, ich gucke nur.
Ova mi se bluza jako sviđa.	Diese Bluse gefällt mir sehr gut.
Uzimam je.	Ich nehme sie.
Mogu li je probati?	Kann ich sie anprobieren?
Gdje je kabina za presvlačenje?	Wo sind die Umkleidekabinen?
Haljina mi je preuska.	Das Kleid ist mir zu eng.
Suknja mi je preduga.	Dieser Rock ist mir zu lang.
Hlače su mi prekratke.	Diese Hose ist mir zu kurz.
Majica mi je preširoka.	Das T-Shirt ist mir zu weit.
Imate li manju veličinu?	Haben Sie eine Größe kleiner?

U uredu on uvijek nosi odijelo.	Im Büro trägt er immer einen Anzug.
Željela bih zimske cipele.	Ich hätte gerne Winterschuhe.
Cipele su mi premale.	Diese Schuhe sind mir zu klein.
Imate li broj veće?	Haben Sie eine Nummer größer?
Ovaj šešir stoji joj jako dobro.	Dieser Hut steht ihr sehr gut.

Boja, uzorak i materijal

Farbe, Muster und Material

bijela bluza	eine weiße Bluse
plavi pulover	ein blauer Pullover
svijetlo plavi pulover	ein hellblauer Pullover
tamno plava suknja	ein dunkelblauer Rock
žuti bikini	ein gelber Bikini
crni jeans	schwarze Jeans
smeđe cipele	braune Schuhe
zelena majica	ein grünes T-Shirt
sive čarape	graue Socken
crvena haljina	ein rotes Kleid
crvena haljina sa bijelim točkama	ein rotes Kleid mit weißen Punkten
crveno-bijela prugasta kravata	eine rot-weiß gestreifte Krawatte
karirana jakna	eine karierte Jacke
bluza sa cvijetnim uzorkom	eine Bluse mit einem Blumenmuster
svilena marama	ein Seidentuch
pamučna majica	ein T-Shirt aus Baumwolle

vunene čarape	Wollsocken
kožne cipele	Lederschuhe

Das Adjektiv

Adjektive stimmen immer mit den Substantiven in Geschlecht, Zahl und Fall überein.
Sie stehen als Attribut immer vor dem Substantiv.
Zum Beispiel:

- *lijepi čovjek* = der schöne Mann
- *lijepa žena* = die schöne Frau
- *lijepo dijete* = das schöne Kind

Auch im prädikativen Gebrauch (nach einer Form des Verbs *sein*) stimmt das Adjektiv mit dem Substantiv in Geschlecht, Zahl und Fall überein.

- *Čovjek je lijep.* = Der Mann ist schön.
- *Žena je lijepa.* = Die Frau ist schön.
- *Dijete je lijepo.* = Das Kind ist schön.

Nakit

Schmuck

nakit	Schmuck
biserna ogrlica	Perlenkette
narukvica	Armband
dijamantni prsten	Diamantring
zlatna naušnica	Ohrringe aus Gold
bižuterija	Modeschmuck
ručni sat	Armbanduhr

Kleidung und Souvenirs

Traditionelle Handwerkskunst wie Spitzen aus Lepoglava und Pag, handgewebte Gürtel, Wollhausschuhe aus Lika und Regenschirme aus Sestine sind beliebte Mitbringsel aus Kroatien. Aber auch moderne Markenware findet sich in den modebewussten Städten, sei es in *Fashion Outlets*, auf dem Markt oder in *Second-Hand*-Läden. Ein Einkaufsbummel kann sich so in vielerlei Hinsicht lohnen.

1 **Ergänzen Sie die fehlenden Buchstaben.**

a. h__ __če, s__ __nja, b__ __za

b. č__ __ __pe, do__ __ lj__ __ke, p__ __ __uk

c. k__ __v__ __a, p__j__s, š__l

d. r__k__v__ __e, k__ pa, š__ š __r

e. s__ n__ __le, č__ z__e, c__ __ __le

2 **Ergänzen Sie die Sätze mit den folgenden Wörtern.**

zimske cipele	dobro stoji	preširoka
preuska	prekratke	probati

a. Ove hlače su mi ______________________________.

b. Majica mi je ______________________________.

c. Željela bih ______________________________.

d. Mogu li je ______________________________?

e. Ovaj šešir ti ______________________________.

f. Haljina mi je ______________________________.

3 **Finden Sie 10 Kleidungsstücke (waagrecht und senkrecht) und schreiben Sie sie auf.**

C	V	K	P	O	R	C	E	O	B	K	R	U
F	K	O	R	T	M	P	Č	A	R	A	P	E
A	O	Z	S	Š	H	L	A	Č	E	U	O	M
M	Š	Ž	L	U	O	Š	L	K	F	S	J	K
Lj	U	S	U	K	Nj	A	H	O	T	K	A	O
Nj	Lj	O	K	R	A	V	A	T	A	P	S	T
S	A	U	O	N	Č	T	Lj	A	I	U	A	O
P	T	K	S	F	O	A	I	B	Š	B	S	Ž
O	C	J	T	S	K	I	N	E	A	L	M	K
K	D	F	I	P	O	E	A	C	B	U	O	F
T	E	L	M	Nj	Z	Č	O	F	S	Z	Š	U
F	R	V	P	F	K	E	U	O	F	A	R	T
Š	T	R	A	P	E	R	I	C	E	M	K	T

čarape

Test 3

Einkaufen

Izrazi
Redewendungen

Imate li ...?	Haben Sie ...?
Ima li ...?	Gibt es ...?
Želio bih ... ***m.*****/Željela bih ...** ***f.***	Ich hätte gern ...
Što stoji cvjetača?	Was kostet der Blumenkohl?
Što stoje naranče?	Was kosten die Orangen?
skupo	teuer
jeftino	billig
Još nešto?	Noch etwas?
Ne, hvala. To je sve.	Nein, danke. Das ist alles.

Koliko to košta?	Wie viel macht das?
popust	Rabatt
pet posto popusta	fünf Prozent Rabatt
sezonska rasprodaja	Schlussverkauf
kolica za kupovinu	Einkaufswagen
samoposluživanje	Selbstbedienung
radno vrijeme	Öffnungszeiten
U koliko sati se otvara pekarnica?	Um wie viel Uhr öffnet die Bäckerei?
U koliko sati se zatvara banka?	Um wie viel Uhr schließt die Bank?

Supermarket je otvoren od 8 sati ujutro do 8 sati navečer.	Der Supermarkt ist von 8 Uhr morgens bis 8 Uhr abends geöffnet.
blagajna	Kasse

Brojevi, količine i pakovanja
Zahlen, Mengen und Verpackung

nula	0
jedan – dva – tri – četiri – pet –	1 – 2 – 3 – 4 – 5 –
šest – sedam – osam – devet – deset –	6 – 7 – 8 – 9 – 10 –
jedanaest – dvanaest – trinaest – četrnaest – petnaest –	11 – 12 – 13 – 14 – 15 –
šesnaest – sedamnaest – osam-naest – devetnaest – dvadeset	16 – 17 – 18 – 19 – 20 –
dvadeset jedan – dvadeset dva – dvadeset tri – dvadeset četiri – dvadeset pet –	21 – 22 – 23 – 24 – 25 –
trideset jedan – trideset dva – trideset tri	31 – 32 – 33 –
četrdeset – pedeset – šezdeset – sedamdeset – osamdeset – devedeset –	40 – 50 – 60 – 70 – 80 – 90 –
sto – sto devedeset devet –	100 – 199 –
dvjesto – tristo – četiristo – petsto –	200 – 300 – 400 – 500 –
šeststo – sedamsto – osamsto – devetsto –	600 – 700 – 800 – 900 –
tisuća – dvije tisuće –	1.000 – 2.000 –
milijun – dva milijuna –	1.000.000 – 2.000.000 –
milijarda	1.000.000.000
prvi – drugi – treći – četvrti – peti –	1. – 2. – 3. – 4. – 5. –
šesti – sedmi – osmi – deveti – deseti	6. – 7. – 8. – 9. – 10.

boca mineralne vode	eine Flasche Mineralwasser
litra mlijeka	ein Liter Milch
deset deka salame	100 Gramm Salami
dvije kile jabuka	zwei Kilo Äpfel
kutija keksa	eine Schachtel/Packung Kekse
konzerva sardina	eine Dose Sardinen
gajba piva	ein Kasten Bier
sa zalogom	mit Pfand

Zahlen

Je nach vorangehender Zahl steht das Substantiv in unterschiedlichen Fällen:

- Nach der Zahl **1: Nominativ Singular**
  Beispiel: 1 Apfel ist rot. = *Jedna jabuk**a** je crvena.*
- Nach den Zahlen **2, 3, 4: Genitiv Singular**
  Beispiel: 2 Äpfel sind rot. = *Dvije jabuk**e** su crvene.*
- Nach **5, 6, 7, etc.: Genitiv Plural**
  Beispiel: 5 Äpfel sind rot. = *Pet jabuk**a** je crveno.*

Trgovine i roba

Geschäfte und Waren

Na tržnici	Auf dem Markt
naranča	Orange
jabuka	Apfel
kruška	Birne
trešnja	Kirsche
višnja	Sauerkirsche
jagoda	Erdbeere
breskva	Pfirsich
grožđe	Weintraube
ananas	Ananas
limun	Zitrone
šljiva	Pflaume
krumpir	Kartoffel

rajčica	Tomate
krastavac, -vca *gen.*	Gurke
paprika	Paprika
zelena salata	Kopfsalat
mrkva	Karotte
luk	Zwiebel
češnjak	Knoblauch
maslina	Olive

U pekarnici — In der Bäckerei

kruh	Brot
žemlja	Brötchen
kolač	Kuchen
torta	Torte

U mesnici — In der Metzgerei

meso	Fleisch
svinjetina	Schweinefleisch
govedina	Rindfleisch
teletina	Kalbfleisch
janjetina	Lamm
pile	Hühnchen
kokoš	(Suppen)Huhn
mljeveno meso	Hackfleisch
slanina	Speck
šunka	Schinken
kobasica	Wurst
hrenovka	Würstchen

U ribarnici — Im Fischladen

losos	Lachs
pastrva	Forelle
sleđ	Hering
smuđ	Zander
kozica	Garnele

školjka	Muschel
šaran	Karpfen
tuna	Thunfisch
morski plodovi	Meeresfrüchte

U cvjećarnici / Im Blumenladen

cvijet	Blume
buket ruža	ein Strauß Rosen
biljka	Pflanze
đubrivo	Dünger

U vinariji / In der Weinhandlung

crno vino	Rotwein
bijelo vino	Weißwein
Rrose	Rosé

U trgovini pićem / Im Getränkemarkt

pivo	Bier
alkoholna pića	alkoholische Getränke
bezalkoholna pića	alkoholfrei
osvježavajuće piće	Erfrischungsgetränk
limunada	Limonade
sok od naranče	Orangensaft
mineralna voda	Mineralwasser
gazirana	mit Kohlensäure
negazirana	ohne Kohlensäure
scherry	Sherry
pjenušac	Sekt

U ljekarni / In der Apotheke

medicina/lijek	Medizin
tableta	Tablette
sirup protiv kašlja	Hustensaft
flaster	Pflaster

zavoj	Verband
mast *f.*, - i *gen. pl.*	Salbe
biljni čaj	Kräutertee

U supermarketu	**Im Supermarkt**
jogurt	Joghurt
mlijeko	Milch
vrhnje	Sahne
jaja	Eier
maslac	Butter
sir	Käse
marmelada	Marmelade
med	Honig
žitarice	Müsli
brašno	Mehl
šećer	Zucker
maramica	Taschentuch
toaletni papir	Toilettenpapier
sredstvo za čišćenje	Reinigungsmittel
pelena	Windel
zubna pasta	Zahnpasta
četkica za zube	Zahnbürste
sapun	Seife
gel za tuširanje	Duschgel
upaljač	Feuerzeug

4

Test

1 Schreiben Sie die Zahlen als Ziffern.

a. pet 5 ____________________

b. dvanaest ____________________

c. devetnaest ____________________

d. osamdeset osam ____________________

e. sto osamnaest ____________________

f. tisuća ____________________

g. tri milijuna ____________________

2 Welche Zahl fehlt? Ergänzen Sie.

a. dva – četiri – ______________ – osam

b. jedanaest – ______________ – petnaest – sedamnaest

c. trideset dva – trideset tri – ______________ – trideset pet

d. pedeset – ______________ – sedamdeset – osamdeset

e. dvjesto – tristo – četiristo – ______________

3 **Ordnen Sie die Waren den passenden Geschäften zu.**

a. kruh	vinarija
b. vino	pekarnica
c. meso	ribarnica
d. paprika	mesnica
e. šećer	tržnica
f. morski plodovi	supermarket

4 **Was gehört nicht in die Reihe?**

a. luk	ananas	limun	naranča
b. vino	pivo	sok	kruška
c. kruh	žemlja	sir	torta
d. mlijeko	meso	sir	maslac
e. govedina	mrkva	teletina	svinjetina

5 **Wie sagen Sie auf Kroatisch? Übersetzen Sie.**

a. Ich hätte gerne zwei Kilo Orangen.

____

b. Noch etwas?

____

c. Was kostet der Blumenkohl?

____

d. Nein danke. Das ist alles.

____

e. Was macht das?

____

Schule und Beruf

Škola

Schule

škola	Schule
gimnazija	Gymnasium
učenik – učenica	Schüler – Schülerin
učitelj – učiteljica/nastavnik – nastavnica	Lehrer – Lehrerin
poučavati/predavati	unterrichten
učiti	lernen
sveučilište	Universität
student – studentica	Student – Studentin
raditi domaću zadaću	Hausaufgaben machen
polagati ispit	eine Prüfung ablegen
položiti ispit	eine Prüfung bestehen
pasti na ispitu	in einer Prüfung durchfallen
matura	Abitur
svjedodžba	Zeugnis
dobiti dobre ocjene	gute Noten bekommen

Schule und Studium

Der Schulbesuch an öffentlichen Schulen ist kostenlos. Neben den öffentlichen Schulen gibt es auch Privatschulen. Die allgemeine Schulpflicht dauert acht Jahre (so lange dauert die Grundschule).
Die Schulnoten sind:
5: *odličan/izvrstan* – ausgezeichnet
4: *vrlo dobar* – sehr gut
3: *dobar* – gut
2: *dovoljan* – genügend
1: *nedovoljan* – ungenügend
Nach der Grundschule gibt es verschiedene Mittelschulen, die drei (Handwerkerschule) oder vier Jahre (Gymnasium, Technische Schule, Wirtschaftsschule, Verwaltungsschule) umfassen.
Nach der *matura* = Abitur gibt es verschiedene Fakultäten, die im Zuge des Bologna-Prozesses Bachelor- und Masterstudiengänge eingerichtet haben.

Zanimanje

Beruf

posao, -sla *gen.*/rad	Arbeit
raditi	arbeiten
ponuda za namještenje	Stellenangebot
natječaj	Bewerbung
dokumenti za natječaj	Bewerbungsunterlagen
životopis	Lebenslauf
interview	Vorstellungsgespräch
raditi puno radno vrijeme	Vollzeit arbeiten
raditi skraćeno radno vrijeme	Teilzeit
klizno radno vrijeme	flexible Arbeitszeit
radni ugovor	Arbeitsvertrag
plaća	Gehalt
prodavac – prodavačica	Verkäufer – Verkäuferin
trgovina	Geschäft
robna kuća	Kaufhaus
prodavati	verkaufen

savjetovati kupce	Kunden beraten
namještenik – namještenica	Angestellter – Angestellte
ured	Büro
liječnik – liječnica	Arzt – Ärztin
zubar – zubarica	Zahnarzt – Zahnärztin
bolnica	Krankenhaus
njegovatelj – medicinska sestra	Krankenpfleger – Krankenschwester
arhitekt – arhitektica	Architekt – Architektin
graditi kuće	Häuser bauen
inženjer – inženjerka	Ingenieur – Ingenieurin
industrijsko poduzeće	Industriebetrieb
odvjetnik – odvjetnica	Anwalt – Anwältin
sud	Gericht
konobar – konobarica	Kellner – Kellnerin
posluživati jela i pića	Speisen und Getränke servieren
novinar – novinarka	Journalist – Journalistin
napisati članak	Artikel schreiben
kućanica	Hausfrau
starati se o obitelji	sich um die Familie kümmern
vrtlar – vrtlarica	Gärtner – Gärtnerin
raditi u vrtu	im Garten arbeiten
trgovac, -vca *gen.* – trgovkinja	Kaufmann – Kauffrau
putnička agencija	Reisebüro
automehaničar – automehaničarka	Automechaniker – Automechanikerin
pekar – pekarica	Bäcker – Bäckerin
peći kruh	Brot backen
mesar – mesarka	Metzger – Metzgerin
mesnica	Metzgerei
frizer – frizerka	Friseur – Friseurin
frizerska radnja	Friseursalon
postolar	Schuster
popravljati/popraviti cipele	Schuhe reparieren
knjigovođa	Buchhalter
glumac, -mca *gen.* – glumica	Schauspieler – Schauspielerin

1 Ergänzen Sie die Tabelle.

Maskulinum	Femininum
a. učitelj	________
b. arhitekt	________
c. ________	liječnica
d. konobar	________
e. ________	zubarica
f. frizer	________

2 Wer arbeitet wo? Ordnen Sie zu.

a. konobar	bolnica
b. liječnik	sud
c. odvjetnik	trgovina
d. prodavac	restoran
e. vrtlar	ured
f. pekar	vrt
g. namještenik	pekarnica

3 **Finden Sie 8 Berufe (waagrecht und senkrecht) und schreiben Sie sie auf.**

Z	U	B	A	R	K	N	M	P	K
K	O	U	S	P	R	O	O	R	U
T	N	T	R	G	O	V	A	C	Ć
L	I	J	E	Č	N	I	K	F	A
N	P	R	P	M	C	N	T	T	N
E	K	F	O	Nj	Z	A	F	Š	I
R	D	M	E	S	A	R	C	T	C
O	D	V	J	E	T	N	I	K	A
I	N	Ž	E	Nj	E	R	F	R	P

____

____

____

____

____

____

____

____

Kommunikation

Mediji
Medien

novine	Zeitung
časopis	Zeitschrift
pretplaćivati/pretplatiti se na novine	eine Zeitung abonnieren
knjiga	Buch
roman	Roman
pismo	Brief
preporučivati/preporučiti	Einschreiben
zračna pošta	Luftpost
dopisnica	Postkarte
paket	Paket
radio	Radio
televizija	Fernsehen
vijesti	Nachrichten
telefon	Telefon
poziv	Anruf
telefonirati	telefonieren
birati telefonski broj	Telefonnummer wählen
paušalna tarifa	Pauschaltarif
telefonska sekretarica	Anrufbeantworter
mobilni telefon	Handy
kratka poruka	SMS
faks	Fax
e-mail	E-Mail
Koja je tvoja e-mail adresa?	Wie ist deine E-Mail-Adresse?
pristup u internet	Zugang ins Internet
švrljati/prošvrljati po internetu	im Internet surfen
lozinka	Passwort
web stranica	Website

dio/link	Link
chat	Chat
čatirati	chatten
tražilica	Suchmaschine

E-Mail-Znak
E-Mail-Zeichen

@-znak	@-Zeichen
točka	Punkt
kosa crta	Schrägstrich
lijeva kosa crta	negativer Schrägstrich, Backslash
podcrta	Unterstrich
minus	minus

Računalo
Computer

računalo	Computer
nosivo računalo/laptop	Laptop
uključivati/uključiti	hochfahren
isključivati/isključiti	abschalten
korisnik	Nutzer
operater	Betreiber
tipkovnica	Tastatur
ekran	Bildschirm
cd-rom	CD-ROM
dvd	DVD
memorijska kartica	Speicherkarte
tvrdi disk	Festplatte
zasigurna kopija	Sicherungskopie
miš	Maus
nešto kliknuti	etw. anklicken
podaci	Daten

skidati/skinuti	herunterladen
unositi/unijeti	eingeben
isključivati/isključiti iz memorije	abspeichern
prenositi/prenijeti	übertragen
brisati/izbrisati	löschen
datoteka	Datei
radna memorija	Arbeitsspeicher
memorijski kapacitet	Speicherkapazität
pisač/tiskač	Drucker
tiskati	drucken
virus	Virus
zaštitni antivirusni program	Virenschutzprogramm
pogonski sustav	Betriebssystem

Izrazi

Redewendungen

Je li tvoja majka tu?	Ist deine Mutter da?
Tko je pri aparatu?	Wer ist am Apparat?
Mogu li razgovarati s poslovođom?	Kann ich bitte mit dem Geschäftsführer sprechen?
Trenutak, molim.	Einen Augenblick bitte.
Spojit ću vas.	Ich verbinde Sie.
Ostanite pri aparatu.	Bitte bleiben Sie am Apparat.
On ne odgovara.	Er antwortet nicht.
Zauzeto je.	Es ist besetzt.
Jeste li vi njegova tajnica?	Sind Sie seine Sekretärin?
On nije u uredu.	Er ist nicht im Büro.

Možete li ga zamoliti da me nazove?	Könnten Sie ihn bitten, mich anzurufen?
Mogu li ostaviti poruku?	Kann ich eine Nachricht hinterlassen?
Želite li ostaviti poruku?	Möchten Sie eine Nachricht hinterlassen?
Kada se on vraća?	Wann wird er zurück sein?
Nazvat ću ponovno za jedan sat.	Ich rufe in einer Stunde noch einmal an.
Ne mogu vas razumjeti.	Ich kann Sie nicht verstehen.
Oprostite, nazvao sam krivi broj.	Entschuldigung, ich habe mich verwählt.
Mislim da ...	Ich meine, dass ...
Ne vjerujem da ...	Ich glaube nicht, dass ...
Po mojem mišljenju ...	Meiner Meinung nach ...
Što ti misliš?	Was meinst du?
To je u redu.	Das ist okay.
Slažeš li se?	Bist du einverstanden?
Slažem se.	Ich bin einverstanden.
Ne slažem se s tobom.	Ich stimme nicht mit dir überein.
Sumnjaš li?	Hast du Zweifel?
odbijati/odbiti prijedlog	einen Vorschlag ablehnen
prihvatati/prihvatiti	akzeptieren
razmišljati/razmisliti o nečemu	über etwas nachdenken

kratko ...	kurz ...
Slušaš li me uopće?	Hörst du mir überhaupt zu?
Nisam razumio.	Ich habe das nicht verstanden.
Možete li ponoviti?	Könnten Sie das wiederholen?
Imam problem.	Ich habe ein Problem.
Imate li neku ideju?	Haben Sie eine Idee?
Što želiš time reći?	Was willst du damit sagen?
To znači da ...	Das bedeutet, dass ...
Govorite, molim vas, malo glasnije!	Sprechen Sie bitte etwas lauter!
tiše	leiser
jasnije	deutlicher
sporije	langsamer

Test 6

1 **Wie heißt es auf Kroatisch? Übersetzen Sie.**

a. Nutzer ______________________

b. Suchmaschine ______________________

c. hochfahren ______________________

d. eingeben ______________________

e. Bildschirm ______________________

f. Daten ______________________

g. Tastatur ______________________

2 **Nummerieren Sie den Dialog in der richtigen Reihenfolge.**

a. Trenutak, molim. ... On nije u uredu. ___

b. Dobar dan. Tko je pri telefonu? ___

c. Dobar dan. Mogu li razgovarati s direktorom? _1_

d. Za jedan sat. Želite li ostaviti poruku? ___

e. Nazvat ću ponovno za jedan sat. ___

f. Kada se on vraća? ___

g. Pri telefonu je Luka Ivanić. ___

3 **Welche Verben gehören zu diesen Substantiven? Schreiben Sie sie auf.**

nazvati	gledati	uključiti	telefonirati
kupiti	isključiti	birati	razgovarati
napisati	dobiti	pretplatiti	poslati
naručiti	kupiti	čitati	

Substantive:

novine: *čitati* ____________________

telefon: ____________________

e-Mail: ____________________

televizija: ____________________

Freizeit

Raspust – dopust
Ferien – Urlaub

ljetni dopust	Sommerurlaub
puna sezona	Hauptsaison
van sezone	Nebensaison
praznik/blagdan	Feiertag

Aktivnosti u slobodnom vremenu
Freizeitaktivitäten

Freizeit

In der Freizeit verbringen die Kroaten die meiste Zeit mit der Familie und Freunden. Freundschaft und Nachbarschaft sind den Kroaten sehr wichtig. Es bleibt immer Zeit, mit den Freunden *„na kavu"* = Kaffee trinken zu gehen, zusammen *„roštiljati"* = zu grillen oder in einem Restaurant gut zu essen. Außerdem sind viele Kroaten ausgeprägt sportlich, sie gehen gerne spazieren, laufen oder schwimmen. Auch das kulturelle Leben ist rege, besonders in großen Städten wie Zagreb, Split und Dubrovnik. Es gibt viele Kinos, Theater, Museen, Büchereien und verschiedene kulturelle Veranstaltungen.

čitati	lesen
Čitam rado.	Ich lese gern.
roman	Roman
krimić	Krimi
slušati glazbu	Musik hören
Radije slušam glazbu.	Ich höre lieber Musik.
gledati televiziju	fernsehen
kompjutorska igra	Computerspiel
križaljka	Kreuzworträtsel
vozati/voziti bicikl	Rad fahren

rolanje	Inlineskaten
voziti se na klizaljkama	Schlittschuh laufen
igrati nogomet	Fußball spielen
nogometni stadion	Fußballstadion
rukomet	Handball
odbojka	Volleyball
laka atletika	Leichtathletik
tenis	Tennis
stolni tenis	Tischtennis
trčati	joggen
šetati	spazieren gehen
pješačiti	wandern
ići na izlet	einen Ausflug machen
jedriti	segeln
veslati	rudern
ručni rad	handarbeiten
šiti	nähen
slikati/ličiti	malen
slika	Bild
paragliding	Gleitschirm fliegen
ići u teretanu	ins Fitnessstudio gehen
gimnastika	Gymnastik
aerobic	Aerobic
izaći vani s prijateljima	mit Freunden ausgehen

kavana	Kneipe
plesati	tanzen
diskoteka	Diskothek
ići u kazalište	ins Theater gehen
kino	Kino
koncert	Konzert
opera	Oper
muzej	Museum
izložba	Ausstellung
plivati	schwimmen
jezero	See
more	Meer
plaža	Strand
skupljati školjke	Muscheln sammeln
sunčati se	ein Sonnenbad nehmen
putovati	reisen
otputovati	eine Reise machen
krstarenje	Kreuzfahrt

***Kamo vikendom* = Wohin am Wochenende?**

- *u grad na kavu* = in die Stadt zum Kaffeetrinken
- *s prijateljima u prirodi roštiljati* = mit Freunden in die Natur zum Grillen
- *na bazen* = ins Schwimmbad
- *u šetnju okolicom* = zum Spazierengehen in die Umgebung
- *u teretanu* = zum Fitness
- *planinarenje* = Bergsteigen
- *vikendom na more* = am Wochenende ans Meer
- *u restoran* = ins Restaurant

Proslave
Feste

rođendan	Geburtstag
Srdačne čestitke!	Herzlichen Glückwunsch!
Sretan rođendan!	Herzlichen Glückwunsch zum Geburtstag!
svadba	Hochzeit
godišnjica vjenčanja	Hochzeitstag
jubilej	Jubiläum
Božić	Weihnachten
Sretan Božić!	Frohe Weihnachten!
dar/poklon	Geschenk
darivati/poklanjati/pokloniti	schenken
Stara godina	Silvester
Sretna Nova godina!	Ein gutes neues Jahr!
Uskrs	Ostern
roštiljati	eine Grillparty veranstalten
pozvati prijatelje	Freunde einladen
gost	Gast
domaćin – domaćica	Gastgeber – Gastgeberin

Dobre želje
Gute Wünsche

Dobru zabavu!	Viel Spaß!
Sretan put!	Gute Reise!
Mnogo sreće!	Viel Glück!

7 Test

1 **Ordnen Sie die Freizeitaktivitäten.**

voziti bicikl   ići na izlet   šiti   šetati   čitati   plivati
igrati nogomet   slikati   ići na koncert   ići u kino

drinnen	**draußen**
______________________	______________________
______________________	______________________
______________________	______________________
______________________	______________________
______________________	______________________

2 **Ergänzen Sie die fehlenden Buchstaben.**

a. r__ __om__ t

b. no__ __me__i st__ __ __on

c. r__ __ni r__ d

d. g__ mn__ __ t__ ka

e. kr__ta__ __nje

Im Restaurant

Izrazi
Redewendungen

Želim rezervirati stol.	Ich möchte einen Tisch reservieren.
za dvije osobe	für zwei Personen
u osam sati	für zwanzig Uhr
Donesite nam, molim vas jelovnik.	Bringen Sie uns bitte die Speisekarte.
Dobar tek!	Guten Appetit!
Donesite mi molim, jedno pivo.	Bringen Sie mir bitte ein Bier.

Još malo kruha, molim.	Noch etwas Brot, bitte.
Još jedno pivo, molim.	Noch ein Bier, bitte.
Račun, molim.	Die Rechnung, bitte.

Obroci
Mahlzeiten

doručak	Frühstück
doručkovati	frühstücken
ručak	Mittagessen
ručati	zu Mittag essen
večera	Abendessen

večerati	zu Abend essen
užina	Zwischenmahlzeit
užinati	eine Zwischenmahlzeit einnehmen

Jela

Gerichte

dnevni jelovnik	Tagesmenü
tri jela	drei Gänge
predjelo	Vorspeise
glavno jelo	Hauptgericht
desert	Nachspeise
miješana salata	gemischter Salat
salata od rajčica	Tomatensalat
juha	Suppe
Juha je presoljena.	Die Suppe ist versalzen.
mesna juha	Fleischbrühe
meso	Fleisch
svinjsko pečenje	Schweinebraten
kotlet	Kotelett
bečki odrezak	Wiener Schnitzel
pureći odrezak	Putenschnitzel
pečeno pile	Brathähnchen
prilozi	Beilagen
slani krumpir	Salzkartoffeln
pomfrit	Pommes frites
pečeni krumpir	Bratkartoffeln
riža	Reis
rezanci/pasta	Nudeln
umak od rajčica	Tomatensoße
umak za pečenje	Bratensoße
riba	Fisch
pečena riba	gebratener Fisch
riba sa roštilja	gegrillter Fisch

jaje na oko	Spiegelei
kajgana	Rührei
sladoled	Speiseeis
sladoled od čokolade	Schokoladeneis
puding od karamela	Karamellpudding
voćna salata	Obstsalat

Pića

Getränke

aperitiv	Aperitif
mineralna voda	Mineralwasser
gazirana – negazirana	mit – ohne Kohlensäure
coca-cola	Coca-Cola
sok od jabuke	Apfelsaft
sok od naranče	Orangensaft
limunada	Limonade
pivo	Bier
svijetlo pivo	Weißbier
crno vino	Rotwein
bijelo vino	Weißwein
pjenušac, -šca *gen.*	Sekt
rakija	Schnaps
konjak	Kognak
espresso	Espresso
kava	Kaffee
sa mlijekom	mit Milch
bez šećera	ohne Zucker

Postavljen stol

Gedeckter Tisch

tanjur	Teller
čaša	Glas

šalica	Tasse
tanjurić	Untertasse
zdjela	Schüssel
pribor za jelo	Besteck
nož	Messer
vilica	Gabel
žlica	Esslöffel
čajna žlica	Teelöffel
ubrus	Serviette
stolnjak	Tischdecke
sol	Salz
papar, -pra *gen.*	Pfeffer
ocat, octa *gen.*	Essig
ulje	Öl
čačkalica	Zahnstocher

Kroatische Küche

Wenn man an die kroatische Küche denkt, kommen einem gleich die berühmten *ćevapčići* in den Sinn. Sie sind aber nur ein Teil der reichen und vielfältigen Küche. Da sind die bekannten Trüffel (= *tartufi*) aus Istrien, der Käse von der Insel Pag (= *paški sir*), dalmatinischer Schinken (= *dalmatinski pršut*) sowie salziger Käsekuchen (= *međumurska gibanica*). Ganz zu schweigen von den verschiedenen Sorten Wein wie z. B. *Traminac, Paško, Plavac* u. v. a., mit denen die Kroaten gerne mit dem Wort „*živjeli*" (= Prost!) anstoßen.

Ein Rezept aus Dalmatien – gesund und leicht:
Blitva sa krumpirom (= Mangold mit Kartoffeln)

Kartoffeln schälen und in großen Stücken kochen lassen. Wenn die Kartoffeln fast fertig sind, wird die *blitva* (= Mangold) zugegeben und fertig gekocht. Wasser ausschütten, Knoblauch (3 bis 4 Zehen) und Olivenöl dazugeben, zuklappen. Nach 5 Minuten ist das Essen servierfertig.
Guten Appetit! = *Dobar tek!*

1 Welche Wörter fehlen? Ergänzen Sie.

a. Želim rezervirati ______________________ za dvije osobe.

b. ______________________ molim , jedno pivo.

c. Još ______________________ kruha, molim.

d. ______________________ jedno pivo, molim.

e. Račun, ______________________.

2 Was passt? Sortieren Sie die Begriffe.

večera	voćna salata	čaša	bečki odrezak
šalica	sladoled	puding	rezanci
zdjela	tanjur	miješana salata	ručak
žlica	doručak	pečeni krumpir	juha

a. Obroci: ______________________

____

b. Postavljen stol: ______________________

____

c. Jelovnik: ______________________

____

d. Desert: ______________________

____

Im Hotel

Vrste smještaja

Arten von Unterkünften

hotel	Hotel
hotel sa četiri zvjezdice	Vier-Sterne-Hotel
pansion	Pension
gostiona/restoran	Gasthof
prenoćište za mladež	Jugendherberge
stan za odmor	Ferienwohnung
kamp	Campingplatz
kamp prikolica	Wohnwagen
šator	Zelt

Izrazi

Redewendungen

Želim rezervirati sobu.	Ich möchte ein Zimmer reservieren.
stornirati	stornieren
recepcija	Rezeption
Kod nas je popunjeno.	Wir sind ausgebucht.
Imate li jednokrevetnu sobu?	Haben Sie ein Einzelzimmer?
Nemamo ni jednu jednokrevetnu sobu.	Wir haben kein Einzelzimmer.
dvokrevetna soba	Doppelzimmer
dječji krevet	Kinderbett
soba sa kupaonicom	Zimmer mit Bad
sa tušem	mit Dusche
mirna soba	ruhiges Zimmer
sa pogledom na more	mit Meerblick
centralni položaj	zentral gelegen
Ima li sauna?	Gibt es eine Sauna?

teretana	Fitnessraum
bazen	Schwimmbad
lift	Aufzug
safe	Safe
priključak na internet	Internet-Anschluss
satelitska televizija	Satellitenfernsehen
parkiralište	Parkplatz
podzemna garaža	Tiefgarage
Mogu li vidjeti sobu?	Kann ich das Zimmer sehen?
Koliko košta noćenje?	Was kostet eine Nacht?
sa doručkom	mit Frühstück
sa polupansionom	mit Halbpension
sa punim pansionom	mit Vollpension
Gdje je prostorija za doručak?	Wo ist der Frühstücksraum?
Kad možemo doručkovati?	Wann können wir frühstücken?
Dolazim poslije osam sati.	Ich komme nach 20 Uhr an.
Odlazimo sutra ujutro u šest.	Wir reisen morgen um 6 Uhr ab.

Ein Gespräch im Hotel

- *Dobar dan.* = Guten Tag.
- *Imateli slobodnu sobu?* = Haben Sie ein Zimmer frei?
- *Trebam jednokrevetnu sobu.* = Ich brauche ein Einzelbett-Zimmer.
- *Da, imamo jednu.* = Ja, wir haben eins.
- *Ima li kupaonicu?* = Gibt es ein Bad?
- *Da, i s pogledom je na more.* = Ja, auch mit Meerblick.
- *Sjajno, uzimam je.* = Toll, ich nehme es.
- *Izvolite Vaše ključeve i ugodan boravak.* = Hier Ihre Schlüssel und einen angenehmen Aufenthalt.
- *Hvala i doviđenja.* = Danke und auf Wiedersehen.

Reklamacije

Beanstandungen

Nema tople vode.	Es gibt kein Warmwasser.
Klima uređaj ne radi.	Die Klimaanlage funktioniert nicht.
U lampi nedostaje žarulja.	In der Lampe fehlt eine Glühbirne.
Prozor se ne zatvara ispravno.	Das Fenster schließt nicht richtig.
Nema ručnika.	Es sind keine Handtücher da.
Toalet nije čist.	Die Toilette ist nicht sauber.
Umivaonik je začepljen.	Das Waschbecken ist verstopft.
Preglasno je.	Es ist zu laut.

9 Test

1 **Ergänzen Sie die fehlenden Wörter.**

ne radi	ručnika	U lampi
Nema	začepljen	ispravno

a. ______________________________ tople vode.

b. ______________________________ nedostaje žarulja.

c. Prozor se ne zatvara ______________________________.

d. Nema ______________________________.

e. Klima uređaj ______________________________.

f. Umivaonik je ______________________________.

2 **Sortieren Sie diese Arten von Unterkünften von preisgünstig (a) bis teuer (e).**

hotel sa četiri zvjezdice	kamp	
prenoćište za mladež	stan za odmor	pansion

a. ______________________________

b. ______________________________

c. ______________________________

d. ______________________________

e. ______________________________

3 **Was sagen Sie auf Kroatisch? Übersetzen Sie.**

a. Ich möchte ein Zimmer reservieren.

____

b. Haben Sie ein Doppelzimmer frei?

____

c. Gibt es ein Schwimmbad?

____

d. Was kostet eine Nacht?

____

e. Wann können wir frühstücken?

____

Reise und Verkehr

Prometna sredstva
Verkehrsmittel

auto	Auto
Vozim se autom na posao.	Ich fahre mit dem Auto zur Arbeit.
bicikl	Fahrrad
Djeca se voze biciklom u školu.	Die Kinder fahren mit dem Fahrrad zur Schule.
autobusom	mit dem Bus
podzemnom željeznicom	mit der U-Bahn
tramvajem	mit der Straßenbahn
vlakom	mit dem Zug
brodom	mit dem Schiff
zrakoplovom	mit dem Flugzeug
motociklom	mit dem Motorrad
pješice	zu Fuß

Putovati vlakom
Mit dem Zug reisen

kolodvor	Bahnhof
peron	Bahnsteig
blagajna za prodaju karata	Fahrkartenschalter
Koji vlak vozi za ...?	Welcher Zug fährt nach ...?
U koliko sati kreće vlak?	Um wie viel Uhr fährt der Zug ab?
U koliko sati dolazi vlak?	Um wie viel Uhr kommt der Zug an?
Vlak kasni.	Der Zug hat Verspätung.
karta u jednom pravcu	einfache Fahrkarte
povratna karta	Rückfahrkarte
S kojeg perona polazi vlak za ...?	Von welchem Gleis geht der Zug nach ...?

prelaziti/prijeći	umsteigen
sjedalo	Sitzplatz
mjesto uz prozor	Fensterplatz
mjesto uz prolaz	Platz am Gang
garderoba/prtljažnik	Gepäckaufbewahrung
nosač za prtljagu	Gepäckträger
vagon-restoran	Speisewagen
spavaća kola	Schlafwagen
kušet-kola	Liegewagen

Putovati zrakoplovom

Mit dem Flugzeug reisen

zračna luka	Flughafen
polijetanje	Abflug
slijetanje	Ankunft
direktan let	Direktflug
međuslijetanje	Zwischenlandung
linijski let	Linienflug
čarter-let	Charterflug
rezervirati let	einen Flug buchen
stornirati/anulirati let	einen Flug stornieren
sala za otpremanje	Abfertigungshalle
čekirati/prijaviti se na kontrolu	einchecken
ručni prtljag	Handgepäck
kontrola sigurnosti	Sicherheitskontrolle
Mogu li vidjeti vašu putovnicu?	Kann ich bitte Ihren Pass sehen?
osobna iskaznica	Personalausweis
karta za ukrcaj	Bordkarte
sigurnosni pojas	Sicherheitsgurt
maska sa kisikom	Sauerstoffmaske
prsluk za spašavanje	Schwimmweste

carina	Zoll
Imate li nešto za ocariniti?	Haben Sie etwas zu verzollen?

Putovati autom

Mit dem Auto reisen

cesta	Landstraße
jednosmjerna ulica	Einbahnstraße
slijepa ulica	Sackgasse
kružni tok	Kreisverkehr
obilaznica	Umgehungsstraße
obilazni put	Umleitung
autocesta/autoput	Schnellstraße
autocesta/autoput	Autobahn
autoput sa cestarinom	Mautautobahn
Koji izlaz moram uzeti?	Welche Ausfahrt muss ich nehmen?
prilaz	Auffahrt
Sljedeće odmorište je za pet kilometara.	Die nächste Raststätte ist in 5 km.
parkiralište	Parkplatz
prostor za parkiranje	Parklücke
skrenuti ulijevo	nach links abbiegen
skrenuti udesno	nach rechts abbiegen
voziti ravno	geradeaus fahren
semafor	Ampel
križanje	Kreuzung
prometni znak	Verkehrsschild

vozačka dozvola	Führerschein
dokumenti o vozilu	Fahrzeugpapiere
pretjecati/prestići	überholen
prebrzo voziti	zu schnell fahren
promet	Verkehr
zastoj	Stau
novčana kazna	Geldbuße
Guma je ispuhana.	Ich habe einen Platten.
nezgoda/kvar	Panne

Na benzinskoj postaji

An der Tankstelle

Napunite, molim.	Volltanken, bitte.
gorivo/benzin	Benzin
Molim dvadeset litara supera.	20 Liter Super, bitte.
motorno ulje	Motoröl
Možete li ispitati tlak zraka u gumama?	Könnten Sie bitte den Reifendruck prüfen?
mijenjati/promijeniti gume	Reifen wechseln
ispitati ulje	Ölstand kontrollieren
promijeniti ulje	Öl wechseln
Motor radi čudan zvuk.	Der Motor macht seltsame Geräusche.

kočnica	Bremse
ručna kočnica	Handbremse
mjenjač brzine	Gangschaltung
kvačilo/spojka	Kupplung
brisač stakla	Scheibenwischer
Trebam jednu svjećicu.	Ich brauche eine Zündkerze.
žarulja za stražnje svjetlo	Glühbirne für das Rücklicht
velika svjetla	Fernlicht
reflektor	Scheinwerfer
Akumulator je prazan.	Die Batterie ist leer.

Javni promet

Öffentlicher Nahverkehr

Autobusi voze svakih deset minuta.	Die Busse verkehren alle zehn Minuten.
vozač autobusa	Busfahrer
vozna karta	Fahrschein
dnevna karta	Tageskarte
mjesečna karta	Monatskarte
Kartu treba kupiti u autobusu.	Man muss den Fahrschein im Bus kaufen.
automat za kupovinu karata	Fahrscheinautomat
poništavati/poništiti kartu	Fahrschein entwerten
Vozi li ovaj vlak do glavnog kolodvora?	Fährt diese U-Bahn zum Hauptbahnhof?
Koji tramvaj vozi do kolodvora?	Welche Straßenbahn fährt zum Bahnhof?
postaja/stajalište	Haltestelle
Na kojoj postaji moram prijeći?	An welcher Haltestelle muss ich umsteigen?
izlaziti/izaći	aussteigen

***U susjedstvu* = In der Nachbarschaft**

Poljska Polen	*Poljak* Pole	*Poljakinja* Polin	*poljski* polnisch
Hrvatska Kroatien	*Hrvat* Kroate	*Hrvatica* Kroatin	*hrvatski* kroatisch
Njemačka Deutschland	*Nijemac* Deutscher	*Njemica* Deutsche	*njemački* deutsch
Rusija Russland	*Rus* Russe	*Ruskinja* Russin	*ruski* russisch
Austrija Österreich	*Austrijanac* Österreicher	*Austrijanka* Österreicherin	*njemački* deutsch
Italija Italien	*Talijan* Italiener	*Talijanka* Italienerin	*talijanski* italienisch
Francuska Frankreich	*Francuz* Franzose	*Francuskinja* Französin	*francuski* französisch
Mađarska Ungarn	*Mađar* Ungar	*Mađarica* Ungarin	*mađarski* ungarisch
Slovenija Slowenien	*Slovenac* Slowene	*Slovenka* Slowenin	*slovenski* slowenisch
Španjolska Spanien	*Španjolac* Spanier	*Španjolka* Spanierin	*španjolski* spanisch

1 **Lösen Sie die Rätsel mithilfe folgender Wörter und Redewendungen.**

a. für Falschparker:

novčana kazna

b. in der Stadt und für Reisen:

______

c. von wo man abfliegt:

______

d. verführt zu Raserei:

______

e. leuchtet in drei Farben:

______

f. schnell in der Stadt:

______

g. Orientierungsmittel:

______

h. Gute ... ______

Test 10

2 **Wie viele Wörter finden Sie? Notieren Sie. (N.B: Nicht alle Buchstaben werden gebraucht.)**

slijepaulicamnjrkružnitoktkvoznakartaozcarinabgfzračnaluka

____

____

3 **Was gehört zusammen? Ordnen Sie.**

a. auto	peron
b. zrakoplov	autobusni kolodvor
c. autobus	kontrola sigurnosti
d. vlak	ručna kočnica
e. tramvaj	tramvajska postaja

Gesundheit

Dijelovi tijela i organi

Körperteile und Organe

glava	Kopf
lice	Gesicht
oko	Auge
uho	Ohr
nos	Nase
usta	Mund
jezik	Zunge
zub	Zahn
ruka	Arm
šaka	Hand
prst	Finger
noga	Bein
koljeno	Knie
stopalo	Fuß
prst na nozi	Zeh
šija/vrat	Nacken
leđa	Rücken
rame	Schulter
grudi	Brust
srce	Herz
želudac, želuca ***gen.*****/stomak**	Magen
bubreg	Niere
jetra	Leber
pluća	Lunge

Izrazi

Redewendungen

Kako si?	Wie geht es dir?
Hvala, dobro sam.	Danke, mir geht es gut.
A kako ste Vi?	Und wie geht es Ihnen?
Imam gripu.	Ich habe die Grippe.
Imam groznicu/temperaturu.	Ich habe Fieber.
Imam vrtoglavicu.	Mir ist schwindlig.
Muka mi je.	Mir ist übel.
Osjećam se jako loše.	Ich fühle mich sehr schlecht.
Danas mi je bolje.	Heute geht es mir besser.
Moram ići liječniku.	Ich muss zum Arzt gehen.
Boli me glava.	Ich habe Kopfschmerzen.
Bole me noge.	Mir tun die Füße weh.
Ona ima grlobolju.	Sie hat Halsschmerzen.
Prehlađen sam.	Ich bin erkältet.
Imam kašalj.	Ich habe Husten.
Trebam sirup protiv kašlja.	Ich brauche Hustensaft.
slomljena noga	ein gebrochenes Bein
uganuta noga	ein verstauchter Fuß
posjekotina	eine Schnittwunde
visok krvni tlak	hoher Blutdruck
nizak krvni tlak	niedriger Blutdruck
Boli ga zub.	Er hat Zahnschmerzen.
On ima sutra termin kod zubara.	Morgen hat er einen Zahnarzttermin.
Dovežen je u bolnicu.	Er wurde ins Krankenhaus gebracht.
Živimo vrlo zdravo.	Wir leben sehr gesund.
Upražnjavamo redovito sport.	Wir treiben regelmäßig Sport.
Jedemo mnogo vitamina.	Wir essen viele Vitamine.
Mi smo vegetarijanci.	Wir sind Vegetarier.

Držimo dijetu jednom godišnje. Wir machen einmal im Jahr eine Diät.

Brzi oporavak! Gute Besserung!

***Liječnici specijalisti* = Fachärzte**

obiteljski liječnik	Haus-/Allgemeinarzt
internist	Internist
okulist	Augenarzt
za uho, grlo i nos	Hals-Nasen-Ohren-Arzt
pedijatar	Kinderarzt
ortoped	Orthopäde
kardiolog	Kardiologe
kirurg	Chirurg
ginekolog	Gynäkologe
radiolog	Radiologe
stomatolog	Zahnarzt

1 Was passt nicht? Streichen Sie.

a. lice – nos – noga – uho
b. srce – vrat – pluća – želudac
c. usta – jezik – koljeno – zub
d. noga – oko – stopalo – koljeno

2 Ergänzen Sie.

a. Kako ste ______________________________?

b. Osjećam se ______________________________.

c. ______________________________ gripu.

d. ______________________________ ići liječniku.

e. Trebam ______________________________ protiv kašlja.

f. ______________________________ vrtoglavicu.

g. ______________________________ oporavak!

3 Was passt wozu? Sortieren Sie die Begriffe.

noga	ruka	gripa	slomljena noga
želudac	jezik	groznica	kašalj
srce	pluća	posjekotina	leđa
bubreg	glavobolja	vrtoglavica	zubobolja
visok krvni tlak	prehlada	grlobolja	prst
rame	stopalo	koljeno	

a. Körperteile: ______________________________

____

b. Organe: ______________________________

____

c. Krankheiten oder Symptome: ______________________________

____

Natur und Umwelt

Biljke
Pflanzen

drvo	Baum
list	Blatt
hrast	Eiche
kesten	Kastanie
bor	Kiefer
grm/žbun	Busch
biljka	Pflanze
cvijet	Blume
trava	Gras
živica	Hecke
pustara	Heide

Životinje
Tiere

kućna životinja	Haustier
pas, psa *gen.*	Hund
mačka	Katze
konj	Pferd
kunić	Kaninchen
ptica	Vogel
miš	Maus
štakor	Ratte
svinja	Schwein
krava	Kuh
kokoš *f.*, -i *gen. pl*	Huhn
pijetao, -tla *gen.*	Hahn
guska	Gans

patka	Ente
ovca	Schaf
koza	Ziege
vjeverica	Eichhörnchen
lisica	Fuchs
jelen	Hirsch
vuk	Wolf
lav	Löwe
majmun	Affe
medvjed	Bär
zmija	Schlange
puž	Schnecke
kornjača	Schildkröte
bubamara	Marienkäfer
pčela	Biene
muha	Fliege
osa	Wespe
komarac, -rca *gen.*	Mücke
pauk	Spinne
riba	Fisch

Oblici krajobraza

Landschaftsformen

priroda	Natur
prirodni rezervat	Naturschutzgebiet
brežuljak, -ljka *gen.*	Hügel
brdo	Berg
planina	Gebirge
obronak, -nka *gen.*	Hang
stijena	Felsen
dolina	Tal
klisura	Schlucht
polje	Feld
park	Park

šuma	Wald
prašuma	Urwald
rijeka	Fluss
potok	Bach
jezero	See
more	Meer
obala	Küste
pustinja	Wüste
vulkan	Vulkan

Klima i zaštita okolice

Klima und Umweltschutz

vrijeme	Wetter
prognoza vremena	Wettervorhersage
sunce	Sonne
sunce sija	Die Sonne scheint.
sunčeva energija	Sonnenenergie
kiša	Regen
tuča	Hagel
snijeg	Schnee
mraz	Frost
Pada kiša/tuča/snijeg.	Es regnet/hagelt/schneit.
Mrzne.	Es friert.
magla	Nebel
oblak	Wolke
toplota/vrućina	Wärme
hladnoća	Kälte
vjetar	Wind
Magla/oblačno/vjetrovito je.	Es ist neblig/bewölkt/windig.
Toplo/hladno/vruće je.	Es ist warm/kalt/heiß.
energija vjetra	Windenergie
oluja/bura	Sturm
oluja	Gewitter

munja	Blitz
grmljavina	Donner
potres	Erdbeben
suša	Trockenheit
poplava	Hochwasser
akumulacijsko jezero	Stausee
promjena klime	Klimawandel
staklenički efekt	Treibhauseffekt
otopljenje zemlje	Erderwärmung
ozonska rupa	Ozonloch
zagađenje zraka	Luftverschmutzung
otrovni otpad	Giftmüll
atomska elektrana	Atomkraftwerk
okolica	Umwelt
zaštita okolice	Umweltschutz
zaštitari okolice	Umweltschützer

Landschaft und Kultur

Wenn man Kroatien zum ersten Mal besucht, wird man von der Vielfalt und Schönheit der Landschaft überrascht sein. Meer, hohe Berge, Karstlandschaften und fruchtbare Ebenen liegen hier ganz nahe beieinander. Die Vielseitigkeit der Landschaft mit ihrer langgestreckten Adriaküste (1777 km), den über 1000 Inseln, den Bergen und Nationalparks spiegelt sich in einer Vielfalt der Kultur, in der die Einflüsse der Römer, der Osmanen, Österreich-Ungarns oder Italiens spürbar sind. Unter den sieben Weltkulturerbe-Stätten in Kroatien sind z. B. die Stadt Split mit dem antiken Diokletian-Palast, die gesamte Altstadt von Dubrovnik oder die Euphrasius-Basilika aus dem 6. Jahrhundert in Poreč. Zu den vielen Sehenswürdigkeiten Kroatiens gehört auch die „kleinste Stadt der Welt" Hum mit ihrem mittelalterlichen Stadtbild.

1 **Wie viele kroatische Wörter für Tiere fallen Ihnen ein? Schreiben Sie sie auf.**

a. Im Wald: ______________________________

____

b. Im oder auf dem Wasser: ______________________________

____

c. In der Luft: ______________________________

____

d. Wilde Tiere: ______________________________

____

e. Im Haus oder auf dem Bauernhof: ______________________________

____

12 Test

2 Sortieren Sie.

trava	štakor	brežuljak	kesten	stijena
miš	hrast	dolina	koza	grm
polje	osa	brdo	pauk	cvijet

a. Pflanzen: ______________________

____

b. Tiere: ______________________

____

c. Landschaftsformen: ______________________

____

3 Wie sagt man richtig? Schreiben Sie es richtig auf.

a. pida kiša ______________________

b. pergnoza vermena ______________________

c. kotiko stunjeva ______________________

d. vreće je ______________________

e. mrež ______________________

Lösungen zu den Tests

1 Obitelj i poznanstva

Familie und Bekanntschaften

1

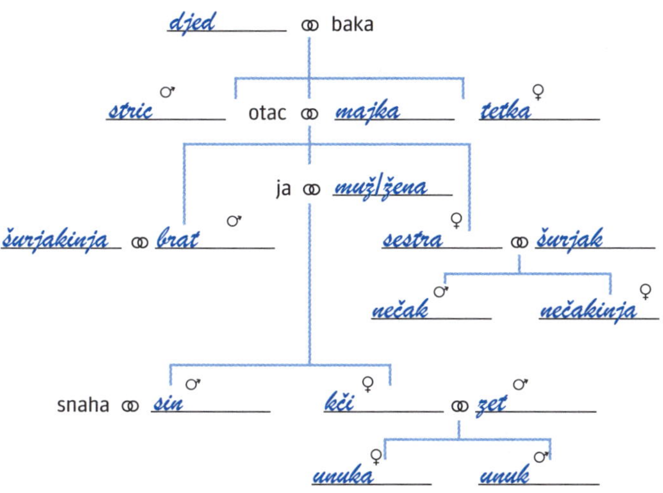

2

a. živ/živahan **b.** dosadan **c.** nizak
d. star **e.** debeo **f.** ružan

3

a. četvrtak **b.** nedjelja
c. veljača **d.** jesen

4

a. siječanj **b.** veljača **c.** ožujak **d.** travanj
e. svibanj **f.** lipanj **g.** srpanj **h.** kolovoz
i. rujan **j.** listopad **k.** studeni **l.** prosinac

2 Stanovanje

Wohnen

1

a. kuhati
b. usisavati
c. kositi
d. čitati
e. prati
f. zalijevati

2

a. štednjak
b. naslonjač
c. tuš
d. dječji krevet
e. stol
f. krevet

3

a. tepih
b. kosilica za travu
c. slavina
d. bušilica

3 Odjeća

Kleidung

1

a. hlače, suknja, bluza
b. čarape, dokoljenke, prsluk
c. kravata, pojas, šal
d. rukavice, kapa, šešir
e. sandale, čizme, cipele

2

a. prekratke
b. preširoka
c. zimske cipele
d. probati
e. dobro stoji
f. preuska

3

C	V	K	P	O	R	C	E	O	B	K	R	U
F	K	O	R	T	M	P	Č	A	R	A	P	E
A	O	Z	S	Š	H	L	A	Č	E	U	O	M
M	Š	Ž	L	U	O	Š	L	K	F	S	J	K
Lj	U	S	U	K	Nj	A	H	O	T	K	A	O
Nj	Lj	O	K	R	A	V	A	T	A	P	S	T
S	A	U	O	N	Č	T	Lj	A	I	U	A	O
P	T	K	S	F	O	A	I	B	Š	B	S	Ž
O	C	J	T	S	K	I	N	E	A	L	M	K
K	D	F	I	P	O	E	A	C	B	U	O	F
T	E	L	M	Nj	Z	Č	O	F	S	Z	Š	U
F	R	V	P	F	K	E	U	O	F	A	R	T
Š	T	R	A	P	E	R	I	C	E	M	K	T

waagrecht: čarape, hlače, kravata, traperice
senkrecht: košulja, prsluk, kostim, haljina, bluza, pojas

4 Kupovina
Einkaufen

1

a. 5
b. 12
c. 19
d. 88
e. 118
f. 1000
g. 3.000.000

2

a. šest
b. trinaest
c. trideset četiri
d. šezdeset
e. petsto

3

a. pekarnica
b. vinarija
c. mesnica
d. tržnica
e. supermarket
f. ribarnica

4

a. luk
b. kruška
c. sir
d. meso
e. mrkva

5

a. Želio/Željela bih dvije kile naranči.
b. Još nešto?
c. Što stoji cvjetača?
d. Ne, hvala. To je sve.
e. Koliko to košta?

5 Škola i zanimanje

Schule und Beruf

1

a. učiteljica
b. arhitectica
c. liječnik
d. konobarica
e. zubar
f. frizerka

2

a. restoran
b. bolnica
c. sud
d. trgovina
e. vrt
f. pekarnica
g. ured

3

Z	U	B	A	R	K	N	M	P	K
K	O	U	S	P	R	O	O	R	U
T	N	T	R	G	O	V	A	C	Ć
L	I	J	E	Č	N	I	K	F	A
N	P	R	P	M	C	N	T	T	N
E	K	F	O	Nj	Z	A	F	Š	I
R	D	M	E	S	A	R	C	T	C
O	D	V	J	E	T	N	I	K	A
I	N	Ž	E	Nj	E	R	F	R	P

waagrecht: zubar, trgovac, liječnik, mesar, odvjetnik, inženjer
senkrecht: novinar, kućanica

6 Komunikacija
Kommunikation

1

a. korisnik
b. tražilica
c. uključiti
d. unijeti
e. ekran
f. podaci
g. tipkovnica

2

c, b, g, a, f, d, e

3

novine: čitati, naručiti, kupiti, pretplatiti, dobiti
telefon: nazvati, telefonirati, birati, razgovarati
e-mail: poslati, dobiti, napisati
televizija: gledati, kupiti, isključiti, uključiti

7 Slobodno vrijeme
Freizeit

1

drinnen: šiti, čitati, slikati, ići na koncert, ići u kino
draußen: voziti bicikl, ići na izlet, šetati, plivati, igrati nogomet

2

a. rukomet
b. nogometni stadion
c. ručni rad
d. gimnastika
e. krstarenje

8 U restoranu

Im Restaurant

1

a. stol
b. Donesite mi
c. malo
d. Još
e. molim

2

a. večera, doručak, ručak
b. čaša, šalica, zdjela, žlica, tanjur
c. bečki odrezak, rezanci, pečeni krumpir, miješana salata, juha
d. voćna salata, sladoled, puding

9 U hotelu

Im Hotel

1

a. Nema
b. U lampi
c. ispravno
d. ručnika
e. ne radi
f. začepljen

2

a. prenoćište za mladež
b. kamp
c. pansion
d. stan za odmor
e. hotel sa četiri zvjezdice

3

a. Želim rezervirati sobu.
b. Imate li dvokrevetnu sobu?
c. Ima li bazen?
d. Koliko košta noćenje?
e. Kad možemo doručkovati?

10 Putovanje i promet

Reise und Verkehr

1

a. novčana kazna
b. autobus
c. zračna luka
d. autocesta/autoput
e. semafor
f. tramvaj
g. prometni znak
h. put

2

slijepa ulica, kružni tok, vozna karta, carina, zračna luka

3

a. ručna kočnica
b. kontrola sigurnosti
c. autobusni kolodvor
d. peron
e. tramvajska postaja

11 Zdravlje

Gesundheit

1

a. noga
b. vrat
c. koljeno
d. oko

2

a. Vi
b. jako loše
c. Imam
d. Moram
e. sirup
f. Imam
g. Brzi

3

a. noga, ruka, jezik, leđa, prst, rame, stopalo, koljeno
b. želudac, srce, pluća, bubreg
c. gripa, slomljena noga, groznica, kašalj, posjekotina, glavobolja, vrtoglavica, zubobolja, visok krvni tlak, prehlada, grlobolja

12 Priroda i okolica

Natur und Umwelt

1

a. vjeverica, lisica, jelen, medvjed, zmija
b. riba, guska, patka, kornjača
c. ptica, bubamara, pčela, muha, osa, komarac
d. lav, medvjed, lisica, vuk, majmun
e. pas, mačka, konj, kunić, svinja, krava, kokoš, pijetao, guska, patka, ovca, koza

2

a. trava, kesten, hrast, grm, cvijet
b. štakor, miš, koza, osa, pauk
c. brežuljak, stijena, dolina, polje, brdo

3

a. pada kiša
b. prognoza vremena
c. koliko stupnjeva
d. vruće je
e. mraz

Cornelia Riechers

Arbeitszeugnis selbst schreiben: Booster für Ihre Bewerbung

– Insider-Tipps für Bewerber –

Juristische Beratung: Tim D. Timmer
Lektorat: Kathrin Riechers

Zum Buch

Wollen Sie ein Arbeitszeugnis aus der Retorte, das von einer Software in 15 Sekunden erstellt wird? Einen Einheitsbrei mit Auslassungen, Fehlern und einer zu schlechten Bewertung? Nein? Dann beugen Sie vor und erstellen Sie Ihren Zeugnisentwurf selbst! Wie Sie dabei vorgehen und auf was Sie achten müssen, erklärt Ihnen eine Insiderin in diesem Buch. Die Hinweise reichen von A wie Aufgabenbeschreibung über B wie Beendigungsformel bis Z wie zusammenfassende Leistungsbeurteilung. Sie erfahren, wie Personalentscheider Ihr Zeugnis lesen und wie Sie selbst Ihr Zeugnis so formulieren, dass es Ihre Bewerbungschancen deutlich erhöht. Darüber hinaus erklärt die Autorin das beste Vorgehen für den Fall, dass Sie bereits ein für Sie inakzeptables Zeugnis erhalten haben. Weitere Kapitel beschäftigen sich mit dem Referenzschreiben und der Referenzliste. Checklisten und Muster-Vorlagen erleichtern Ihnen Ihre eigene Arbeit.

Zur Autorin

Dr. Cornelia Riechers war seit 1987 im Personalwesen tätig und kennt Arbeitszeugnisse aus jeder Perspektive. Als Personalreferentin verfasste sie Zeugnisse für ausscheidende Mitarbeiter und zog Zeugnisanalysen zur Bewerberauswahl mit heran. Als Outplacement- und Karriereberaterin half sie Jobsuchenden, Zeugnisentwürfe zu erstellen oder unzutreffende Zeugnisse nachbessern zu lassen.

Cornelia Riechers arbeitet heute als Beirätin des von ihr gegründeten Unternehmens Quality Outplacement. Neben Büchern schreibt sie regelmäßig für Zeitungen, Fachzeitschriften und Online-Portale über Personal- und Karrierethemen.

www.karriere-mit-vision.de

Zum juristischen Berater

Tim D. Timmer ist seit 2014 als Rechtsanwalt zugelassen und absolviert gerade die Ausbildung zum Fachanwalt für Arbeitsrecht. Zuvor hat er die Personalabteilung einer Bank in allen arbeitsrechtlichen Fragen beraten. Darüber hinaus lehrt er an mehreren Hochschulen, unter anderem im Fach Arbeitsrecht.

www.rechtsanwaelte-mt.de/tim-timmer.html

Inhalt

Vorbemerkungen

Alle Namen, Daten und sonstigen Angaben in den Zeugnis- und Referenzbeispielen sind frei erfunden. Die erfundenen Namen sind bei der jeweils ersten Erwähnung mit einem * gekennzeichnet.

Die in diesem Buch vorwiegend gewählte männliche Sprachform, das so genannte generische Maskulinum, umfasst Personen jeglichen Geschlechts. Zugunsten der besseren Lesbarkeit wurde auf Doppel- und Mehrfachbezeichnungen verzichtet.

Kapitel 1
Arbeitszeugnis: Ein Relikt aus der Steinzeit?

Wer legt denn heute noch Wert auf Arbeitszeugnisse, denken Sie vielleicht. Falsch gedacht! Auch wenn Personaler oft etwas anderes behaupten, so wird den Arbeitszeugnissen in Deutschland doch nach wie vor große Bedeutung beigemessen. Laut einer Umfrage des Beratungsunternehmens „Personal Total" erwarten 87 Prozent der Personalexperten, dass Bewerber ihre Arbeitszeugnisse vollständig beifügen. Darüber hinaus geben 77 Prozent der Befragten an, dass sie schon Kandidaten aufgrund der vorgelegten Zeugnisse abgelehnt haben.

Das Arbeitszeugnis bildet also einen wichtigen Bestandteil Ihrer Bewerbung. Es kann die Eintrittskarte zu Ihrem Traumjob sein – oder eine unüberwindliche Hürde, die Ihren Bewerbungserfolg komplett vereitelt.

Deshalb sollten Sie von jedem Ihrer Arbeitgeber ein gutes Zeugnis mitnehmen, das Ihre

Leistungen angemessen würdigt. Darüber hinaus sollte das Dokument in Form und Aufbau dem durch Rechtsprechung etablierten Standard entsprechen, keine ungünstigen Formulierungen enthalten und keinen Spielraum für negative Auslegungen bieten.

Glauben Sie nicht, es sei egal, wenn ein Zeugnis einmal weniger gut ausfällt. Der Makel begleitet Sie für den gesamten Rest Ihres Arbeitslebens, weil Einsteller sich in der Regel alle Arbeitszeugnisse vorlegen lassen. Auch weit zurückliegende.

Kapitel 2
Zeugnis als „Gesamtkunstwerk"

Arbeitnehmer denken häufig, ihr Zeugnis sei gut, wenn sie möglichst viele vorgefertigte Textbausteine der Stufe „sehr gut" verwenden und die so genannten Geheimcodes vermeiden. Aber genügt das? Und woran erkennen Sie ein wirklich gutes Zeugnis?

Dieses Buch gibt die Antwort. Es erklärt Hintergründe und Zusammenhänge. Sie werden in die Rolle eines Einstellers versetzt und lernen, Ihr Arbeitszeugnis durch dessen Brille zu sehen. Wie ein professioneller Rekrutierer beurteilen Sie die wahre Qualität des Arbeitszeugnisses, indem Sie das Dokument als Ganzes betrachten, vom ersten bis zum letzten Absatz und einschließlich des verwendeten Briefpapiers. Sie würdigen die Bedeutung der verschiedenen Zeugniskomponenten und sehen, wie diese im Zusammenwirken einen Gesamteindruck erzeugen, der unter Umständen dem Eindruck einzelner Formulierungen zuwiderläuft.

Zusätzlich achten Sie darauf, wie die Zeugnisaussagen in das Bild passen, das Ihre restlichen Bewerbungsunterlagen von Ihnen zeichnen.

Hier werden keine „Geheimcodes" entschlüsselt und keine Textbausteine angeboten. Gute Bücher und Webseiten dazu finden Sie weiter unten in den entsprechenden Kapiteln sowie in der Literatur- und Linkliste am Ende. Vielmehr erfahren Sie hier, wie Textbausteine im Kontext wirken und wie Sie richtig damit umgehen.

Nach dem Durcharbeiten der folgenden Kapitel werden Sie wissen, warum Sie Ihren Zeugnisentwurf nach Möglichkeit selbst schreiben sollten und dass es dabei auf weit mehr Dinge ankommt als nur auf die „Benotung" mittels automatisierter Textbausteine. Wenn Sie das Gelernte umsetzen, können Sie am Ende für sich selbst ein Arbeitszeugnis erstellen, das den Adressaten überzeugt und das Ihrer Bewerbung zusätzlichen Schwung verleiht.

Kapitel 3
Formale und inhaltliche Anforderungen

Der Anspruch auf ein Zeugnis ist im BGB (Bürgerliches Gesetzbuch) gesetzlich geregelt. Zur Ausgestaltung von Zeugnissen existieren unzählige Gerichtsurteile, aus denen sich im Lauf der Jahre allgemein gültige Grundsätze herauskristallisiert haben.

In diesem Buch geht es ausschließlich um das qualifizierte Arbeitszeugnis, das im Gegensatz zum einfachen Arbeitszeugnis nicht nur die Daten von Ein- und Austritt sowie die Position enthält, sondern die Aufgaben des Zeugnisempfängers detailliert schildert und seine Leistungen sowie sein Verhalten bewertet.

Um die grundlegenden Anforderungen an ein qualifiziertes Arbeitszeugnis zu kennen, braucht man sich weder durch dicke Bände von Zeugnisliteratur zu wühlen, noch muss man die gesamte umfangreiche Rechtsprechung zum Thema durcharbeiten. Vielmehr genügt es, sich mit den Basisanforderungen vertraut zu machen, die Sie im Folgenden zusammengefasst finden.

Wer dennoch mehr darüber wissen möchte, dem sei das Standardwerk von Professor Arnulf Weuster, einem anerkannten Experten für Arbeitszeugnisse, und seiner Koautorin Brigitte Scheer empfohlen: „Arbeitszeugnisse in Textbausteinen: Inhalte, Formulierung, Analyse, Recht".

Formale Anforderungen

Für das Zeugnis muss ein offizieller Firmen-Briefbogen verwendet werden. Eine „Seite 2", die nur den Firmennamen und das Logo enthält, reicht dazu nicht. Es muss sich vielmehr um einen Briefbogen mit Firmenadresse handeln, so dass der Aussteller eindeutig zu identifizieren ist.

Das Zeugnis muss von einem rechtlich dazu befugten Firmenvertreter unterschrieben werden, etwa einem Prokuristen oder Handlungsbevollmächtigten. Je nach Unternehmen sind die Unterschriften von zwei Personen nötig. Eine der beiden Personen muss dem Zeugnisempfänger hierarchisch übergeordnet sein – so kann beispielsweise eine Sekretärin nicht das Zeugnis für ihren Chef unterschreiben.

Viele Unterschriften sind kaum oder gar nicht entzifferbar, deshalb empfiehlt es sich, darunter den Namen des Unterzeichnenden in Druckschrift zu setzen und ebenso dessen Funktion im Unternehmen. Das ist zwar nicht zwingend vorgeschrieben, zeugt aber von Anstand und Professionalität – denn nur so kann ein Zeugnisleser sich gegebenenfalls an den Unterzeichner wenden, um weitere Auskünfte einzuholen.

Inhaltliche Bestandteile

Inhaltlich muss das Zeugnis aus folgenden Teilen bestehen:

- Einleitung
- *optional:* Firmenbeschreibung
- Positionsbezeichnung
- Aufgabenbeschreibung
- Beurteilung der Arbeitsleistung
- Beurteilung des Sozialverhaltens
- Beendigungsformel
- *optional:* Bedauern, Dank, gute Wünsche

Einleitung

Die Einleitung enthält Ihren Namen und Ihr Geburtsdatum, Ihr Eintrittsdatum und Ihre Position sowie den Unternehmensteil, in dem Sie beschäftigt waren. Ein Beispiel:

> *„Frau Beate Krämer*, geboren am 20.01.1981 in Köln, trat am 01.07.2011 als Assistentin der Geschäftsleitung in unser Unternehmen ein."*

Firmenbeschreibung

Eine Firmenbeschreibung ist keine Pflicht, kann aber das Verständnis des Lesers fördern – zum Beispiel wenn dadurch Ihre Aufgabe in den internationalen Kontext eingebettet wird.

Positionsbezeichnung

Ins Arbeitszeugnis gehört die genaue Bezeichnung, als was Sie dort beschäftigt waren. *„Herr Mitarbeiter* wurde in unsere Marketing-Abteilung* *eingestellt*" genügt nicht, es sollte heißen „... *wurde* als Marketing-Referent *in unsere ...*"

Aufgabenbeschreibung

Dieser Teil des Zeugnisses wird oft unterschätzt. In manchen Firmen wird er lieblos aus einer längst nicht mehr aktuellen Stellenbeschreibung oder aus dem Zeugnis eines Stellenvorgängers herauskopiert und unverändert übernommen. Dann passiert es, dass wichtige Aufgaben fehlen, dafür aber andere Tätigkeiten erwähnt werden, die Sie gar nicht ausgeübt haben.

Ein gutes Arbeitszeugnis beschreibt die Aufgaben konkret, weder zu pauschal noch zu detailliert und so, dass Grad und Umfang Ihrer Verantwortung deutlich werden.

Beurteilung der Arbeitsleistung

Dieser Teil folgt auf die Aufgabenbeschreibung und sollte nicht damit vermischt werden. Im Idealfall enthält Ihre Beurteilung die folgenden Punkte:

- Arbeitsbereitschaft
- Arbeitsbefähigung
- Wissen und Weiterbildung
- Arbeitsweise
- Arbeitserfolg
- Herausragende Erfolge
- Führungsumstände, Führungsleistung
- Zusammenfassende Leistungsbeurteilung

Beurteilung des Sozialverhaltens

Hier geht es darum, wie Sie sich anderen Menschen gegenüber verhalten und wie Sie mit ihnen zusammengearbeitet haben.

Beendigungsformel

Diese Formel beschreibt, wann und wie das Arbeitsverhältnis endet. Ein Beispiel:

> *„Das Arbeitsverhältnis mit Herrn Xaver* endet betriebsbedingt am 30.06.2018."*

Das Austrittsdatum ist ebenso wie das Eintrittsdatum eine Pflichtangabe im Zeugnis. Der Arbeitgeber kann jedoch frei entscheiden, ob und wie konkret er die Gründe des Ausscheidens angibt.

Bedauern, Dank, gute Wünsche

Ob der Arbeitgeber Ihr Ausscheiden bedauert, Ihnen dankt oder alles Gute wünscht, bleibt ihm ebenfalls überlassen.

Aufbau eines Arbeitszeugnisses

Firmenbriefkopf / Firmendaten

Arbeitszeugnis (Überschrift)

Stammdaten des Arbeitnehmers

Firmenbeschreibung

Aufgabenbeschreibung einschl. Positionsbezeichnung, Verantwortungsbereich und hierarchische Einordnung

Beurteilung von Leistung und Sozialverhalten einschl. zusammenfassende Leistungsbeurteilung

Beendigungsgrund des Arbeitsverhältnisses

Schlussformel: Dank, Bedauern und gute Wünsche

Unterschrift mit Positionsbezeichnung des Unterzeichners und Datum, evtl. Firmenstempel

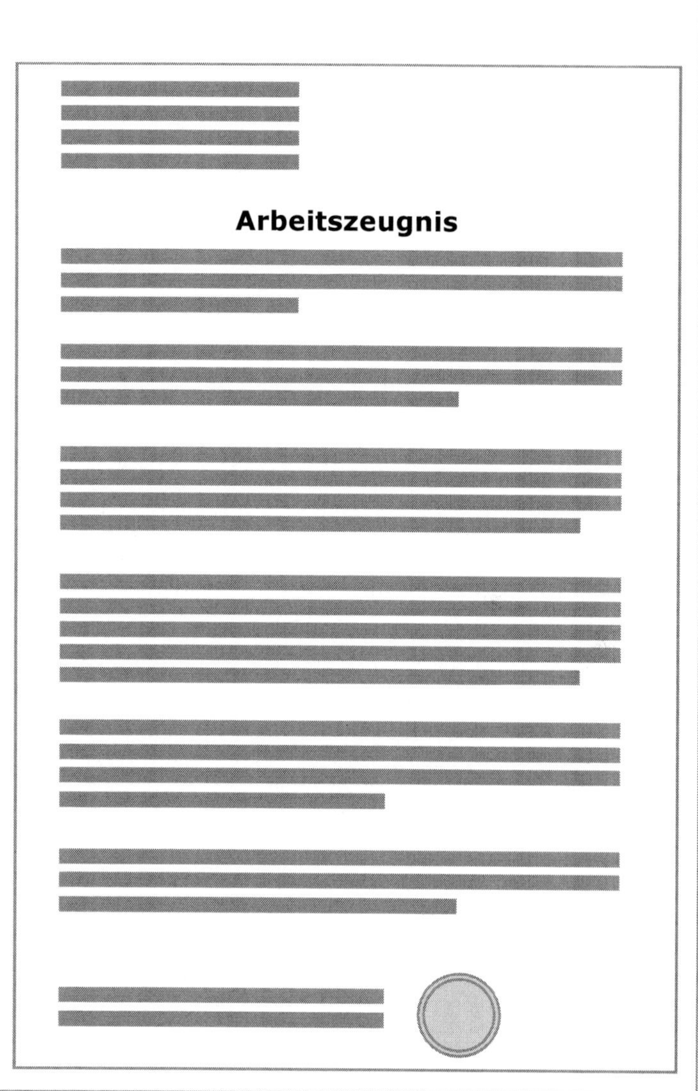
Arbeitszeugnis

Zeitpunkt

Ihr Zeugnis sollte an oder nahe dem Tag Ihres Ausscheidens datiert sein. Ein deutlich später ausgestelltes Zeugnis verliert an Glaubwürdigkeit. Zudem könnte der Leser annehmen, dass Sie sich mit dem Zeugnisaussteller nicht gütlich einigen konnten und dass ein daraus folgender Rechtsstreit zu der Verzögerung geführt hat. Dann wird er den Zeugnisaussagen erst recht keinen Glauben mehr schenken.

Kümmern Sie sich also zeitig vor Ihrem letzten Arbeitstag um Ihr Zeugnis – insbesondere auch deshalb, weil Ihr Anspruch auf ein qualifiziertes Zeugnis sehr rasch verjährt. Die Rechtsprechung verlangt, dass der Arbeitgeber sich noch gut an Sie erinnern kann, wenn er ein Zeugnis ausstellt. In der Praxis heißt das für Sie, dass es bereits nach vier Monaten zu spät sein kann, um nachträglich ein qualifiziertes Arbeitszeugnis zu verlangen.

Kapitel 4
Arbeitszeugnis selbst schreiben – so geht's

Wenn Ihr Chef Ihnen die Wahl lässt, Ihren Zeugnisentwurf selbst zu schreiben, sagen Sie JA. Niemand weiß so genau wie Sie selbst, was Sie über die Jahre hinweg geleistet haben. Niemand gibt sich mit Ihrem Zeugnis so viel Mühe wie Sie selbst. Natürlich können Sie Ihrem Chef auch von sich aus Ihren eigenen Entwurf vorlegen.

Im Folgenden erfahren Sie, was Sie beim Selbstschreiben Ihres Zeugnisentwurfs besonders beachten und wie Sie am besten vorgehen sollten.

Software-Hersteller brüsten sich damit, dass ihre Programme in 15 Sekunden ein Arbeitszeugnis erstellen. Das funktioniert allerdings nur mit Textschablonen, und was sagt so ein Dokument dann noch aus? Die verwendeten Textbausteine finden sich so oder ähnlich auch in zahlreichen anderen Publikationen und werden von erfahrenen Einstellern auf den ersten Blick als Standardfloskeln erkannt. Im Extremfall unterscheidet sich das Zeugnis eines Geschäftsführers nicht mehr von dem eines Lagerarbeiters – es sei denn, der Leser beschäftigt sich minuziös mit den Aufgaben.

Ein Zeugnis, das dem Leser Vertrauen einflößt und ihm hilft, sich für Sie als neuen Mitarbeiter zu entscheiden, sieht anders aus. Denken Sie daran, dass Ihr Zeugnis als Ganzes wirkt und die Qualität nicht von den einzelnen verwendeten Textbausteinen abhängt. Wandeln Sie also die Bausteine ab und fügen Sie individuelle Formulierungen ein. Geben Sie sich mit der Einleitung, der Positionsbezeichnung und der Aufgabenbeschreibung genau so viel Mühe wie mit der Leistungsbeurteilung. Und achten Sie darauf, dass der „rote Faden" aus Ihren anderen Bewerbungsteilen – wie Lebenslauf, Know-how-Profil und Anschreiben – sich auch in Ihrem Arbeitszeugnis wiederfindet.

Wenn Sie sich unsicher fühlen, lassen Sie sich bei Ihrem eigenen Zeugnisentwurf von einem Profi unter die Arme greifen. Das mag zwar nicht ganz billig sein, aber es lohnt sich. Wie Sie einen geeigneten Profi finden, erfahren Sie in Kapitel 17. Das selbst gestaltete Zeugnis, bei Bedarf mit der Hilfe eines in Ihrem Auftrag tätigen Experten, fällt in aller Regel besser aus als eines, das Ihr Arbeitgeber ohne Ihr Zutun unter dem Druck des Alltagsgeschäfts erstellt. Und von einem wirklich guten Zeugnis werden Sie bis zu Ihrem Renteneintritt profitieren.

Vorbereitung

In Fachbüchern und auch im Internet finden Sie eine Fülle von Informationen über Arbeitszeugnisse. Bitte glauben Sie nicht alles, was Sie lesen. Vielfach stammen die Ausführungen von Verfassern, die von der Praxis wenig Ahnung haben. Informieren Sie sich daher über den jeweiligen Autor und überprüfen Sie anhand von dessen Lebenslauf seine Expertise. Vertrauen Sie keineswegs solchen Internet-Beiträgen, bei denen der Verfasser nicht namentlich genannt wird.

Ein Online-Tool wie der kostenlose „Arbeitszeugnisgenerator" (www.arbeitszeugnisgenerator.de) hilft Ihnen, ein erstes Gerüst für Ihren Zeugnisentwurf zu erstellen – mehr aber auch nicht. Der Feinschliff muss von Ihnen kommen.

Rätselhafte Abkürzungen und Firmen-Kauderwelsch

Denken Sie bei jedem Satz an den späteren Leser Ihres Zeugnisses. Bekommt er die wesentliche Information? Haben Sie sich allgemein verständlich ausgedrückt? Oder handelt es sich um Abkürzungen und Bezeichnungen, die außerhalb Ihres eigenen Unternehmens kaum jemand versteht?

Positionsbezeichnung

Prüfen Sie als erstes Ihre Positionsbezeichnung auf Verständlichkeit. Wenn Sie als *„Technical Sales Representative"* beschäftigt sind, weiß dann jeder genau genug, was Sie machen? Oder ist es vielleicht sinnvoll, die deutsche Bezeichnung „Technischer Kundenbetreuer" zu verwenden? Vielleicht können Sie auch noch den gängigeren Begriff „Key Account Manager" ergänzend hinzuzusetzen.

„Sie war in unserem Bereich ‚Internal Services' tätig" ist ebenfalls nicht für solche potenziellen Arbeitgeber passend, bei denen der Bereich „Internal Services" noch traditionell „Allgemeine

Verwaltung" heißt und die betreffende Mitarbeiterin als „Empfangssekretärin" beschäftigt ist.

Und welcher Nicht-Fachmann weiß schon, dass sich hinter einem *„Deal Handler"* nicht etwa ein Händler, sondern ein Auftrags-Sachbearbeiter verbirgt?

Firmenbeschreibung

Die optionale Firmenbeschreibung empfiehlt sich vor allem bei weniger bekannten Unternehmen oder Unternehmensteilen. Dadurch kann der Leser Ihren Aufgabenbereich und Ihre Verantwortung in einen größeren Zusammenhang einordnen. Erläutern Sie kurz die Geschäftstätigkeit und die Größe des Zeugnis ausstellenden Unternehmens. Ein Beispiel:

> *„Die Muster GmbH gehört zur Großkonzern-Gruppe und erbringt technische Dienstleistungen in den Bereichen Rohrleitungsbau und Industriemontage. Mit rund 2.500 Mitarbeitern wird weltweit ein Jahresumsatz von 200 Mio. Euro erwirtschaftet."*

Manchmal ist die Firmenbeschreibung von höherer Stelle vorgegeben. Wenn nicht, dann muss Ihr Vorschlag eventuell vom Vorstand genehmigt werden. Wählen Sie daher Formulierungen von der Website oder aus Katalog- und Werbeeinträgen des Unternehmens, dann sind Sie auf der sicheren Seite.

Halten Sie die Firmenbeschreibung kurz. Der Abschnitt über Ihre individuellen Aufgaben sollte deutlich länger ausfallen als der über das Unternehmen.

Aufgabenbeschreibung

Der Beschreibung Ihrer Aufgaben sollten Sie besonders viel Aufmerksamkeit widmen und diesen Teil auf jeden Fall selbst vorformulieren. Sogar Ihr direkter Vorgesetzter ist manchmal zu weit vom Schuss, um Ihre Aufgaben genau zu kennen. Durch eine präzise Aufgabenbeschreibung lässt sich Ihr Zeugnis erheblich aufwerten. Im Konfliktfall kann sie sogar einen Ausgleich zur „Zufriedenheitsformel" bilden, falls Sie da nicht Ihre gewünschte Note durchsetzen können.

Bemühen Sie sich auch hier um allgemeine Verständlichkeit. Firmeninterne Abkürzungen bringen Sie nicht weiter.

Vermeiden Sie zudem nichtssagende Formulierungen wie etwa „Marketing". Der Leser erfährt nicht, für was genau Sie beim Marketing verantwortlich waren. Besser wäre hier zum Beispiel:

„∫ *Entwicklung von Konzepten für den Point of Sale*"

Sie wundern sich vielleicht über das Aufzählungszeichen. Viele Aussteller meinen, ein Zeugnis dürfte nur in Fließtext abgefasst werden. Dabei bietet sich im Aufgabenteil die tabellarische Aufzählung an: Sie ist übersichtlicher und kürzer und erleichtert durch ihre Struktur dem Leser die inhaltliche Erfassung innerhalb von Sekunden.

Listen Sie all Ihre hochwertigen Tätigkeiten auf und kontrollieren Sie, ob nichts fehlt. Dass Sie als IT-Fachmann nebenbei auch die Post für Ihren Chef geöffnet haben, müssen Sie nicht erwähnen.

Verantwortungsbereich und hierarchische Einordnung

Zur Aufgabenbeschreibung gehören auch Ihr Verantwortungsbereich und Ihre Stellung in der Firmenhierarchie, insbesondere bei Führungskräften. Ihr Zeugnis sollte dem Leser Antworten auf die folgenden Fragen liefern:

- Für welchen Bereich oder welche Themen waren Sie verantwortlich?
- An wen berichteten Sie, und wer war Ihnen unterstellt?

Ein Beispiel:

> *„Als Key Account Manager war Herr Dr. Vielerfahrung* verantwortlich für die Geschäftsentwicklung sowie für die Betreuung von Schlüsselkunden in Europa. Er berichtete an den Vertriebsleiter Europa mit Sitz in Basel."*

Wenn eine derartige Einordnung fehlt und lediglich die Einzel-Aufgaben aufgelistet werden wie in einer Stellenbeschreibung, dann liest sich das oft wie die Tätigkeit einer studentischen Hilfskraft, selbst bei einem hochkarätigen Spezialisten.

Beurteilung von Leistung und Sozialverhalten

Während die Aufgaben sich von Mitarbeiter zu Mitarbeiter unterscheiden und stets individuell formuliert werden sollten, haben sich für die Beurteilung der Arbeitsleistung und für die Beurteilung des Sozialverhaltens allgemein gültige Regeln durchgesetzt, die durch langjährige Rechtsprechung gefestigt wurden. Auf dieser Grundlage haben verschiedene Autoren standardisierte Textbausteine für die Zeugnis-Beurteilung entwickelt, die sowohl in Buchform, auf CD oder auch als Download im Internet verfügbar sind. Einige empfehlenswerte Quellen finden Sie in der Literatur- und Linkliste am Ende dieses Buchs.

Umgang mit Textbausteinen

Damit Ihr Zeugnis den üblichen Regeln entspricht, können Sie sich bei der **Beurteilung der Arbeitsleistung** an diesen standardisierten Textbausteinen orientieren. Aber bitte nutzen Sie sie nur als Anregung! Betrachten Sie die Bausteine lediglich als ersten Grobentwurf, der einer Konkretisierung, Ergänzung und teilweisen Umstellung bedarf. Denn wenn ein Zeugnis nur aus Textbausteinen besteht, so erscheint es kaum glaubwürdig. Wollen Sie beim Leser Vertrauen erzeugen, dann taugen dazu nur individuelle Formulierungen, die zu Ihnen und zu Ihren Aufgaben passen und nicht genau so auch im Zeugnis von Hinz und Kunz stehen könnten.

Beispielsweise wählen Sie beim Thema „Arbeitsbefähigung" nicht den Textbaustein

> *„Dank seiner fundierten Ausbildung arbeitete er sich sehr schnell und erfolgreich in sein neues Aufgabengebiet ein."*

sondern stattdessen:

„Auf der Basis seines exzellenten Fachwissens und seiner reichen Erfahrung in der Versicherungswirtschaft erkannte Herr Beteiligungsmanager innerhalb kürzester Zeit Entwicklungschancen auf in- und ausländischen Märkten und verstand es, diese zu realisieren."*

Bei „Wissen und Weiterbildung" verwenden Sie nicht den Textbaustein

„Mit ihrem ausgezeichneten Fachwissen erzielte sie stets gute Erfolge."

sondern stattdessen:

„Frau Maurer besitzt sehr gute Fachkenntnisse sowohl im kaufmännischen als auch im technischen Bereich, die ihr besonders bei der Einschätzung der Wirtschaftlichkeit unserer Neuentwicklungen zugutekamen."*

Und beim Thema „Arbeitserfolg" verwerfen Sie den Textbaustein

> *„Herr Freundlich* erzielte überdurchschnittliche Verkaufserfolge."*

und schreiben stattdessen:

> *„Mit Aktivität und Eigeninitiative brachte er unsere neuen Produkte auf den Markt, gewann neue Kunden und erschloss zusätzliche Anwendungsbereiche, so dass die Auswirkungen der Wirtschaftskrise abgemildert werden konnten."*

Relevant oder nicht?

Die im Zeugnis hervorgehobenen Eigenschaften sollten relevant sein für Ihre Tätigkeit. So sollten bei einem Verkaufsleiter etwa sein Kontaktvermögen, sein Verhandlungsgeschick und seine Abschlusssicherheit erwähnt werden, bei einem Geschäftsführer seine Fähigkeit, vorausschauend die richtigen Entscheidungen zu treffen, und bei einer Chefsekretärin ihre Beherrschung aktueller Bürokommunikations-Software.

Immer relevant, aber häufig vernachlässigt ist die **Beurteilung des Führungsverhaltens.** Wenn Sie Mitarbeiter geführt haben – egal ob als disziplinarischer oder lediglich als fachlicher Vorgesetzter – sollte das im Zeugnis erwähnt und auch beurteilt werden.

Hier sind Textbausteine richtig

Einzig bei der **zusammenfassenden Leistungsbeurteilung,** dem Satz mit der Zufriedenheit, sollten Sie sich wörtlich an die vorgegebenen und durch Rechtsprechung abgesicherten Textbausteine halten. Wegen ihrer großen Bedeutung werden die wichtigsten hier aufgelistet (nach Weuster/ Scheer, „Arbeitszeugnisse in Textbausteinen"):

„Sie hat ihre Aufgaben stets zu unserer vollsten Zufriedenheit erledigt."	[sehr gut]
„Sie hat ihre Aufgaben stets zu unserer vollen Zufriedenheit erledigt."	[gut]

„Sie hat ihre Aufgaben [ ] zu unserer vollen Zufriedenheit erledigt."	[befriedigend]
„Sie hat ihre Aufgaben [ ] zu unserer [ ] Zufriedenheit erledigt."	[ausreichend]
„Sie hat ihre Aufgaben im Großen und Ganzen zu unserer [ ] Zufriedenheit erledigt."	[mangelhaft]

Bei der **Beurteilung des Sozialverhaltens** empfiehlt sich ebenfalls die Verwendung gängiger Textbausteine, um Missverständnisse auszuschließen. Andernfalls könnten Sie sich allzu leicht – und ohne es zu wissen – unerwünschte Eigenschaften bescheinigen, wie sexuelles Interesse an Kollegen *(„einfühlsam")* oder Neigung zum Trinken *(„gesellig"*). Beim Eingangssatz achten Sie bitte darauf, dass alle relevanten Personengruppen genannt werden (Vorgesetzte, Kollegen, Mitarbeiter, Externe). Auch auf deren Reihenfolge kommt es an: Vorgesetzte zuerst, dann Kollegen und Mitarbeiter. Werden Kunden in den allgemeinen Satz mit einbezogen, dann sollten sie an erster Stelle stehen.

„Sein Verhalten gegenüber Kunden, Vorgesetzten, Kollegen und Mitarbeitern war stets vorbildlich."

Wenn Sie viel mit Personen außerhalb des Unternehmens zu tun hatten, widmen Sie diesen am besten einen eigenen Satz.

„Unsere externen Gesprächspartner, insbesondere die Vertreter von Behörden und Verbänden, schätzten ihre hohe Kompetenz und ihr angenehmes Auftreten."

Höhere Glaubwürdigkeit erzielen Sie auch hier, wenn Sie die Textbausteine zum Sozialverhalten durch individuelle Angaben ergänzen, wie etwa die genaue Bezeichnung der Personen/Abteilungen/Auslandsniederlassungen, mit denen Sie so gut kommuniziert haben.

Das Ende bedacht, hat viel Gutes gebracht

Bei einem regulären Arbeitsverhältnis fällt Ihr **Austrittsdatum** normalerweise auf einen Monatsletzten oder auch gelegentlich auf die Monatsmitte, das heißt den 14. Ein abweichendes Datum, etwa der 10. oder der 24., wird vom Leser als Indiz für eine fristlose Kündigung gewertet, die nur aus sehr gravierenden Gründen in Frage kommt – etwa wenn der Mitarbeiter seinen Arbeitgeber bestohlen, beschimpft oder Betriebsgeheimnisse verraten hat. Da der Arbeitgeber die genauen Umstände der fristlosen Kündigung nicht benennen darf – er darf ja nichts Negatives ins Zeugnis schreiben –, bleibt das krumme Datum der einzig mögliche Warnhinweis an einen potenziellen neuen Arbeitgeber.

Glauben Sie nicht, in Ihrem Fall wäre alles anders, und der Bewerbungsempfänger würde sich die Mühe machen, Sie nach der Ursache des krummen Datums zu fragen. In der Realität geschieht das nicht. Vielmehr wird im Gehirn des Einstellers eine vollautomatische Relaisschaltung in Gang gesetzt: „Krummes Austrittsdatum = fristlose Kündigung = so einen Mitarbeiter wollen wir nicht".

Vor derartigen Unterstellungen sind Sie nur dann sicher, wenn Sie Ihr Austrittsdatum immer auf den Monatsletzten oder auf die Monatsmitte am 14. legen.

Mit einer gut durchdachten **Beendigungsformel**, in der die Umstände des Ausscheidens angegeben werden, kann man so viel erreichen, dass ihr hier ein eigenes Kapitel gewidmet ist (Kapitel 7).

Dank, Bedauern und gute Wünsche liegen zwar im Ermessen des Arbeitgebers, als Mitarbeiter sollten Sie darauf aber nicht verzichten. Das Fehlen vor allem von Dank und guten Wünschen wird sonst womöglich vom Leser als Indiz für Ihre unbefriedigenden Leistungen verstanden – und das trotz einer guten Zufriedenheitsformel, die Sie ja vor Gericht erstritten haben könnten.

Kapitel 5
Ihre Entwicklung im Unternehmen

Bei Ihrem jetzigen Arbeitgeber haben Sie als Sachbearbeiter angefangen und sind heute Abteilungsleiter? Dann sollten Sie darauf achten, dass in Ihrem abschließenden Arbeitszeugnis Ihre Entwicklung vom Beginn bis zum Ende des Anstellungsverhältnisses deutlich wird. Auch wenn es einfacher erscheinen mag, Ihre früheren Positionen und Aufgaben einfach wegzulassen – tun Sie das nicht! Dass Sie in Ihrer Firma vorangekommen sind, spricht für Sie und wird Ihren neuen Arbeitgeber positiv beeindrucken.

Ein Zeugnis, alles drin

In Zwischenzeugnissen ist es üblich, bezüglich einer vorigen Position auf ein früheres Zwischenzeugnis zu verweisen. Wenn Sie jedoch das Unternehmen verlassen, dann muss das Endzeugnis all Ihre Stationen abdecken. Es muss Ihre

Entwicklung im Betrieb chronologisch mit den jeweiligen Daten, Arbeitsinhalten und eventuell den Wechselgründen enthalten (beispielweise Ihre eigene Bewerbung auf eine neue Position innerhalb der Firma). Dazu gehören auch Beförderungen oder die Erteilung von Vollmachten (Handlungsvollmacht, Prokura etc.). Verweise auf frühere Zwischenzeugnisse sind im Endzeugnis nicht mehr zulässig, und diese Zwischenzeugnisse gehören nach Ihrem Ausscheiden auch nicht mehr in Ihre Bewerbungsmappe.

Bei langer Betriebszugehörigkeit fällt es dem Arbeitgeber oft schwer, weiter zurückliegende Zeiten zu rekonstruieren. Darum sollten Sie sich von Zeit zu Zeit ein Zwischenzeugnis ausstellen lassen, ganz besonders bei einem Aufgabenwechsel. Dann sind auch Ihre früheren Aufgaben und Leistungen dokumentiert, und sie können deren Aufnahme in Ihr Endzeugnis verlangen. Genaueres zum Zwischenzeugnis erfahren Sie in Kapitel 8.

Versetzung und Aufgabenveränderung

Wurden Sie versetzt und haben neue Aufgaben übernommen? Dann beschreiben Sie im Endzeugnis all Ihre Positionen im Unternehmen, die Sie vom Eintritt bis zu Ihrem Ausscheiden durchlaufen haben. Die letzte Aufgabe wird in der Regel etwas ausführlicher geschildert. Ihre vorherigen Positionen können Sie hingegen gestrafft darstellen.

Arbeiten Sie bei einem internen Stellenwechsel den damit verbundenen hierarchischen Aufstieg oder die Übernahme einer anspruchsvolleren Aufgabe klar heraus. Geben Sie auch die Gründe für den Wechsel an, wenn diese Sie in günstigem Licht erscheinen lassen:

„Aufgrund seiner Leistungen ernannten wir ihn bereits nach sechs Monaten zum Teamleiter."

„Aufgrund ihrer internen Bewerbung wechselte Frau Energa zum 01.03.2018 als Organisationsleiterin in die neu geschaffene Abteilung Filialbetreuung."*

Neue Position, gleiche Aufgabe

Gerade in Großkonzernen werden Mitarbeiter oft aufgrund von Restrukturierungen versetzt, ebenso bei Fusionen, Käufen und Verkäufen von Tochtergesellschaften oder anderen Veränderungen des Unternehmens. Es bringt dem Adressaten Ihrer Bewerbung jedoch keinen Gewinn, wenn Sie auf einer ganzen Zeugnisseite sämtliche Umstrukturierungsmaßnahmen der letzten 15 Jahre sowie alle damit einhergehenden Umbenennungen der Firma und Ihres Bereichs akribisch auflisten. Im Gegenteil, solche Details sorgen beim Leser eher für Verwirrung.

Ihr Zeugnis soll etwas über SIE aussagen, nicht die Geschichte Ihres Arbeitgebers erzählen. Fassen Sie daher die Veränderungen der Unternehmensstruktur so kurz wie möglich zusammen und beschränken Sie sich auf das, was relevant für Ihre Aufgabe war.

Machen Sie es Ihrem Zeugnisleser so einfach wie möglich. Wenn Sie in verschiedenen Abteilungen oder Unternehmensbereichen tätig waren, während Ihre Aufgaben weitgehend gleich geblieben sind, dann nennen Sie zuerst die Abteilungen mit Monats- und Jahresangaben. Danach folgt die

Liste Ihrer Aufgaben, nur einmal zusammengefasst für all Ihre durchlaufenen Positionen.

Beispiele, wie sich Aufgabenwechsel bei ein- und demselben Arbeitgeber auf unterschiedliche Weise im Zeugnis darstellen lassen, finden Sie in den beiden Musterzeugnissen im Kapitel 20 „Arbeitshilfen“.

Kapitel 6
Sonderfälle: Zeitarbeit, Auszubildende, Praktikanten, Aushilfen

Bei bestimmten Personengruppen gilt es einige Besonderheiten zu beachten, die hier kurz erläutert werden.

Zeitarbeit

Wenn Sie bei einem Zeitarbeitsunternehmen angestellt sind, haben Sie diesem gegenüber einen Zeugnisanspruch. Allerdings wird Ihr offizieller Arbeitgeber nicht allzu viel über Sie wissen, da Sie ja regelmäßig bei den Kunden des Zeitarbeitsunternehmens eingesetzt sind. Ein sehr allgemein formuliertes Zeugnis hilft Ihnen bei Ihren Bewerbungen aber nicht weiter.

Bitten Sie daher den- oder diejenigen Kunden, bei denen Sie längere Zeit im Einsatz waren, um ein Referenzschreiben. Mehr über Referenzschreiben erfahren Sie in Kapitel 15.

Auszubildende

Nach bestandener Abschlussprüfung bekommen Auszubildende ein Prüfungszeugnis der Industrie- und Handelskammer (IHK) oder der Handwerkskammer als Nachweis. Zusätzlich haben sie (bei einer dualen Ausbildung) Anspruch auf ein separates Zeugnis ihres Arbeitgebers. Dieses muss Angaben über Art, Dauer und Ziel der Ausbildung sowie über die erworbenen Fertigkeiten und Kenntnisse enthalten. Viele Firmen nutzen hierfür eine vorgefertigte Schablone, in der letztlich nur die Abteilungen aufgelistet werden, die der Absolvent während seiner Ausbildung durchlaufen hat. Individuelle Aussagen über besondere Tätigkeiten des Auszubildenden oder über sein Verhalten finden sich in diesen Einheitszeugnissen selten. Letzteres können Sie aber durchaus verlangen, und genau wie andere Arbeitnehmer sollten Sie versuchen, hierauf Einfluss zu nehmen.

Nutzen Sie den Einheitstext Ihres Unternehmens – sofern vorhanden – ruhig als Grundlage. Fügen Sie dann bei den Abteilungen, in denen Sie länger verweilt haben, die Aufgaben hinzu, mit denen Sie dort betraut waren. Sie werden ja nicht während Ihrer gesamten Ausbildungszeit nur damit beschäftigt gewesen sein, anderen bei der Arbeit zuzuschauen. Vielleicht haben Sie sogar bei interessanten Projekten mitgewirkt und eine Teilaufgabe selbstständig bearbeitet. Fügen Sie bei guten Leistungen eine Leistungsbeurteilung in Ihr Zeugnis ein. Auch Ihr Sozialverhalten können Sie in zwei oder drei Sätzen beschreiben und brauchen sich nicht mit einem einzigen Standardsatz zufriedenzugeben.

Praktikanten

Als Praktikant steht Ihnen ebenfalls auf Wunsch ein Zeugnis zu. Wenn Sie den angestellten Mitarbeitern nicht nur über die Schulter geschaut, sondern selbst mit angepackt haben, bitten Sie den Praktikumsgeber um ein qualifiziertes Zeugnis, das (zusätzlich zum Zeitraum des Praktikums) die von Ihnen erledigten Aufgaben sowie eine kurze Leistungsbeurteilung enthält. Fügen Sie auch einen Satz zur Verhaltensbeurteilung ein, etwa:

> *„Frau Praktikantin* fügte sich gut in das bestehende Team."*

Ihr Praktikum hat mehrere Monate gedauert, und Sie waren für ein eigenes Aufgabengebiet zuständig? Dann sollte Ihr Praktikumszeugnis einem normalen Arbeitszeugnis schon recht ähnlich sehen, nur in kürzerer Form.

Aushilfen

Mitarbeiter, die nur aushilfsweise in einem Unternehmen tätig sind, haben gleichfalls Anspruch auf ein Arbeitszeugnis. Machen Sie von diesem Recht Gebrauch – insbesondere dann, wenn Sie (noch) nicht so viele Zeugnisse aus regulären Arbeitsverhältnissen besitzen.

War Ihre Aushilfstätigkeit kurz, dann genügt ein kurzes Zeugnis, ähnlich wie bei einem

Praktikanten. Waren Sie jedoch über einen längeren Zeitraum als Aushilfe beschäftigt, dann gilt für Sie alles, was in diesem Buch über Arbeitszeugnisse gesagt wird.

Kapitel 7
Beendigungsformel

Die Beendigungsformel erweist sich oft erst im Nachhinein als tückisch. Sie gibt an, wann und wie das Arbeitsverhältnis beendet wurde. Haben Sie selbst Ihren Hut genommen? Kein Problem, dann heißt es: *„Sie verlässt unser Unternehmen auf eigenen Wunsch."* Was aber, wenn es der Arbeitgeber war, der „Tschüss" gesagt hat? Dann lauern hier besondere Fallstricke. Denn wenn Sie unfreiwillig das Unternehmen verlassen mussten, neigt der Zeugnisleser zu negativen Schlussfolgerungen. Er vermutet womöglich, Sie seien der Aufgabe nicht gewachsen gewesen oder hätten sich etwas zuschulden kommen lassen.

Indem Sie die Beendigungsformel geschickt formulieren, können Sie solchen negativen Annahmen von vornherein einen Riegel vorschieben, auch bei einer Entlassung oder dem Ausscheiden durch Aufhebungsvertrag. Im Vorstellungsgespräch werden Sie den Unterschied merken!

Betriebsbedingte Kündigung

Wenn ein Arbeitsverhältnis aus betrieblichen Gründen endet, wird Ihnen das in der Regel als Bewerber nicht schaden. Die Beendigungsformel lautet dann:

> *„Das Arbeitsverhältnis endet betriebsbedingt am 30.03.2020"*

oder

> *„aus betrieblichen Gründen"*

Rechnen Sie allerdings im Vorstellungsgespräch mit der Frage, was für betriebliche Gründe das denn im Einzelnen waren. Sie sollten in der Lage sein, die Umstände konkret zu benennen und zu erläutern. Und jeder Einsteller, der möglicherweise Auskünfte über Sie bei Ihrer Firma einholt, sollte natürlich dieselbe Version zu hören bekommen.

Sie geraten gar nicht erst in Erklärungsnot, wenn die betrieblichen Belange, die zu Ihrer Entlassung geführt haben, bereits im Zeugnis genannt werden. Zudem gibt die schriftliche Aussage allen

Beteiligten Sicherheit. Solche Formulierungen könnten zum Beispiel lauten:

> *„Aufgrund einer Umstrukturierung wurde der Arbeitsplatz von Frau Mutter* nach München verlegt. Weil sie aus familiären Gründen ihren Wohnsitz nicht wechseln kann, endet das Arbeitsverhältnis betriebsbedingt zum 30. März 2020."*

> *„Wegen der allgemeinen wirtschaftlichen Rahmenbedingungen und der Zentralisierung von Aufgaben wurde der Arbeitsplatz von Herrn Ingenieur* ersatzlos gestrichen. Leider können wir ihm keine gleichwertige Aufgabe in unserem Hause anbieten; das Arbeitsverhältnis endet betriebsbedingt zum 30.06.2019."*

Aus diesen Beschreibungen geht eindeutig hervor, dass die Trennung durch äußere Gegebenheiten verursacht wurde und dass die Gründe nicht in der Person des Mitarbeiters lagen. Dies wird noch unterstrichen durch die Andeutung, dass man Frau Mutter oder Herrn Ingenieur unter anderen Umständen durchaus gern weiterbeschäftigt hätte.

Im folgenden Beispiel hingegen ist der Sachverhalt nur sehr knapp umschrieben:

„Herr Abteilungsleiter verlässt unser Unternehmen aufgrund einer Restrukturierungsmaßnahme zum 31. Dezember 2019."*

Weil die konkreten Umstände unklar bleiben, wird diese Formulierung aufgrund ihrer Knappheit wahrscheinlich zu weiteren Nachfragen führen.

Aufhebungsvertrag oder gerichtlicher Vergleich

„Mich betrifft das ja gar nicht", werden Sie vielleicht denken, „denn ich habe ja einen Aufhebungsvertrag geschlossen". Da steht dann im Zeugnis

„Das Arbeitsverhältnis endet einvernehmlich am ...",

und das war's.

Leider liegen die Dinge auch hier nicht so einfach. Die obige Formulierung lässt nämlich die Frage offen, aus welchen Gründen es zu der Auflösung des Arbeitsverhältnisses kam. Diese Frage stellt sich jedoch jeder Zeugnisleser – insbesondere dann, wenn Sie sehr lange in dem fraglichen Unternehmen gearbeitet haben oder wenn Sie schon ein wenig älter sind, oder beides. Niemand glaubt einem 55-jährigen Chef-Controller, dass er nach 30 Jahren Betriebszugehörigkeit ganz plötzlich aus eigenem Antrieb auf die Idee kommt, einen Aufhebungsvertrag zu schließen.

Auch beim Aufhebungsvertrag – genau wie bei der Kündigung – können die Gründe betrieblicher Natur sein, wie etwa Reorganisation oder Auftragsmangel. Das wäre dann normal, denn so etwas kann jedem einmal passieren. Zum anderen können die Gründe aber auch in der Person des Arbeitnehmers liegen, beispielsweise in schlechten Leistungen, häufigen Krankmeldungen oder Fehlverhalten. Das wäre fatal, weil die meisten Arbeitgeber vor der Einstellung eines solchen Bewerbers zurückschrecken würden.

Da sich nach deutschem Arbeitsrecht personenbedingte Kündigungen nur sehr schwer durchsetzen lassen, greifen Unternehmen bei personenbezogenen Trennungsgründen besonders häufig zum Aufhebungsvertrag. Deshalb vermuten Zeugnisleser bei einer nichtssagenden Formulierung wie oben sehr schnell eine personenbedingte Trennung. Um dem vorzubeugen, ist es auch bei einem Aufhebungsvertrag oder gerichtlichen Vergleich von entscheidender Bedeutung, die betriebliche Veranlassung der Trennung im Zeugnis zu erwähnen, mindestens kurz:

> *„Aus betrieblichen Gründen endete das Arbeitsverhältnis mit Herrn Controller* einvernehmlich zum 30.09.2017."*

Optimal ist auch diese Formulierung nicht, da Sie im Vorstellungsgespräch höchstwahrscheinlich aufgefordert werden, die betrieblichen Gründe genauer zu schildern. Wählen Sie also für Ihren Zeugnisentwurf eine etwas längere Darstellung, ebenso wie bei der betriebsbedingten Kündigung:

> *„Wegen der Auslagerung aller Zentralfunktionen in ein externes Servicecenter fällt Frau Personalerins* Arbeitsplatz weg. Leider konnten wir ihr keine gleichwertige Aufgabe in unserem Unternehmen anbieten. Daher*

endet das Arbeitsverhältnis in gutem gegenseitigem Einvernehmen zum 31.12.2017."

Arbeitgeber bevorzugen oft die lapidare Version und möchten lieber keine Details preisgeben. Bestehen Sie trotzdem auf Ihrem Wunsch – denn mit einer ausführlichen Beendigungsformel lassen sich Rückfragen seitens des Bewerbungsempfängers in der Regel vermeiden. Insbesondere dann, wenn der Zeugnisaussteller – wie im obigen Beispiel – zum Ausdruck bringt, dass er Frau Personalerin unter günstigen Umständen gerne weiterbeschäftigt hätte. Sie werden sich im Vorstellungsgespräch also nicht mit dem unangenehmen Thema der Trennungsgründe herumschlagen müssen, sondern können den Fokus auf Ihre Stärken und Erfolge legen.

Ausscheiden „auf eigenen Wunsch"

Mancher Arbeitgeber ist bereit, Ihnen bei einvernehmlicher Trennung ein Ausscheiden „auf eigenen Wunsch" zu bescheinigen, wenn Sie das möchten. Seien Sie damit vorsichtig: Ein Ausscheiden auf eigenen Wunsch klingt für Einsteller nur dann gut, wenn Sie nahtlos in ein Anschlussarbeitsverhältnis wechseln konnten. Folgt hingegen auf das Ende Ihres Arbeitsvertrags eine Zeit der Erwerbslosigkeit, dann könnte ein selbst herbeigeführter Jobverlust als Mangel an Verantwortung gegenüber Ihrer Familie oder gar als Faulheit ausgelegt werden.

Wenn Ihr altes Beschäftigungsverhältnis also nicht nahtlos in das neue übergeht, belassen Sie es in der Zeugnisformulierung besser beim einvernehmlichen Ausscheiden – mit Begründung.

Extra-Tipp:
Beim Antrag auf Leistungen der Agentur für Arbeit müssen Sie dort eventuell Ihr Arbeitszeugnis vorlegen. Enthält dieses einen Hinweis auf einvernehmliches Ausscheiden, dann kann sich das negativ für Sie auswirken. Um ungünstigen Konsequenzen bei der Arbeitsagentur (wie etwa einer Sperre beim Leistungsbezug) zu entgehen, sollten Sie nachweisen, dass Sie den Aufhebungsvertrag zur Vermeidung einer betriebsbedingten

Kündigung geschlossen haben. Das gelingt beispielsweise durch entsprechende Formulierungen im Aufhebungsvertrag und in der vom Arbeitgeber auszufüllenden Arbeitsbescheinigung. Lassen Sie sich also vor Abschluss eines Aufhebungsvertrages am besten juristisch beraten und beziehen Sie die Beendigungsformel im Arbeitszeugnis mit ein.

Kapitel 8
Zwischenzeugnis

Manche Mitarbeiter haben mehrere Jahrzehnte bei einem Arbeitgeber verbracht und niemals ein Zwischenzeugnis erhalten. Die Ausstellung eines Endzeugnisses für die gesamte Dauer der Betriebszugehörigkeit ist in solchen Fällen nahezu unmöglich. Nach 20 oder 30 Jahren werden sich ohne Zwischenzeugnis die weiter zurückliegenden Zeiten kaum rekonstruieren lassen. Gerade die könnten für Sie aber wichtig sein, beispielsweise

- um Ihre Entwicklung im Unternehmen aufzuzeigen, damit der lange Verbleib im selben Unternehmen nicht so wirkt, als seien Sie veränderungsresistent, lernunfähig und unflexibel,

oder

- weil Sie früher schon einmal eine Tätigkeit ausgeübt haben, die für Ihren angestrebten neuen Job sehr wichtig ist.

Schon allein deshalb sollten Sie sich bei jeder passenden Gelegenheit ein Zwischenzeugnis ausstellen lassen.

Zeitpunkt

Worin bestehen nun solche Gelegenheiten? Hier finden Sie eine Liste der wichtigsten Ausstellungsgründe für ein Zwischenzeugnis:

- Vorgesetztenwechsel
- Veränderung der Aufgaben
- Versetzung und/oder Beförderung
- Standortwechsel
- Firmenverkauf oder Fusion

Nutzen Sie jeden dieser Anlässe, um ein Zwischenzeugnis zu erhalten.

Beurteilung im Zwischenzeugnis

Legen Sie beim Zwischenzeugnis dieselben Qualitätsmaßstäbe an wie beim abschließenden Arbeitszeugnis und akzeptieren Sie keinesfalls eine aus Ihrer Sicht zu schlechte Beurteilung. Wie sich so etwas auswirken kann, zeigt das folgende Beispiel:

Anlässlich eines Vorgesetztenwechsels erbat Frau Sachbearbeiterin ein Zwischenzeugnis. Nach fünf Monaten, in denen sie immer wieder bei der Personalabteilung nachgefragt hatte, erhielt sie es endlich. Ihr vorheriger Vorgesetzter, der Frau Sachbearbeiterin seit 15 Jahren kannte, hatte inzwischen das Unternehmen verlassen. Daher stammte das Zwischenzeugnis von Frau Sachbearbeiterins neuer Chefin. Diese beurteilte die Leistungen ihrer Mitarbeiterin lediglich als befriedigend, wohingegen der frühere Vorgesetzte sie stets als gut eingestuft hatte.*

Nach dem monatelangen Kampf bis zur Ausstellung des Zwischenzeugnisses war Frau Sachbearbeiterin zermürbt und besaß nicht mehr die Nervenstärke, gegen die ihrer Meinung nach unfaire Beurteilung vorzugehen. Zudem befand sie sich in dem Glauben, der Schaden ließe sich im Endzeugnis reparieren.

Da hatte sie sich aber verrechnet. Die Personalabteilung ließ nicht mit sich reden. Das vorhandene frühere Zwischenzeugnis von Frau Sachbearbeiterins altem Vorgesetzten liege schon zu lange zurück, so dass nur noch das neuere zähle. Und das habe Frau Sachbearbeiterin ja schließlich akzeptiert.

Ein dazu befragter Fachanwalt für Arbeitsrecht bestätigte die Rechtsauffassung der Personalabteilung.

Hätte Frau Sachbearbeiterin die Beurteilung des neueren Zwischenzeugnisses beanstandet, dann wäre der Fall mit Sicherheit anders ausgegangen. Nun aber steht in ihrem abschließenden Arbeitszeugnis für immer die Note „befriedigend“ für ihre Leistungen aus mehr als 15 Jahren.

Zwischenzeugnis in der Bewerbung

Ein Zwischenzeugnis ist jedoch nicht nur relevant für Ihr Abschlusszeugnis, sondern manchmal auch für Ihre aktuelle Jobsuche. Unter Umständen kann es sinnvoll sein, Ihrer Bewerbung ein Zwischenzeugnis beizufügen, und zwar dann,

- wenn Ihr letztes Arbeitszeugnis lange zurückliegt oder
- wenn Sie außer dem Zwischenzeugnis noch gar kein anderes Arbeitszeugnis haben.

Ein frisches Arbeits- oder Zwischenzeugnis mit guter Beurteilung bringt Ihnen auf jeden Fall Bonuspunkte bei einem potenziellen Einsteller. Fehlt ein solches aber, wird das Echo auf Ihre Bewerbungen schlechter ausfallen oder sogar ganz ausbleiben, wie das Beispiel von Heinz Fuchs* in Kapitel 12 zeigt.

Auf Wunsch des Mitarbeiters

Wenn Sie ein Zwischenzeugnis für Ihre aktuelle Jobsuche benötigen, können Sie Ihren Arbeitgeber jederzeit darum bitten, auch ohne einen konkreten Anlass. Möglicherweise wird er Ihrem Wunsch nachkommen, obwohl er dazu nicht verpflichtet ist. Aber was wird er dann denken? Er wird sofort vermuten, dass Sie sich auf dem Arbeitsmarkt umschauen und ihn verlassen wollen. Mit der Diskretion ist es dann vorbei, und vielleicht auch mit vielen anderen Dingen – wie bisherige Privilegien, Einbindung in Projekte, ganz zu schweigen von Beförderungsaussichten oder Gehaltserhöhungen.

Dazu kommt ein weiterer Minuspunkt: Auch der Leser Ihres auf eigenen Wunsch ausgestellten Zwischenzeugnisses wird seine Schlüsse ziehen. Sie fragen sich, woran er den Ausstellungsgrund erkennt? Der Teufel steckt im Schlusssatz. Der lautet entweder:

> *„Dieses Zwischenzeugnis wird aufgrund eines Vorgesetztenwechsels (einer Versetzung, einer Umstrukturierung …) erteilt."*

Oder er lautet:

> *„Dieses Zwischenzeugnis wird auf Wunsch von Herrn Mitarbeiter* erstellt."*

Die meisten Mitarbeiter scheuen das Risiko, das mit einem scheinbar grundlos verlangten Zwischenzeugnis einhergeht. Wer möchte schon vom aktuellen Arbeitgeber während seiner externen Jobsuche kaltgestellt werden, die sich ja doch über ein paar Monate hinziehen oder im schlimmsten Fall gänzlich misslingen kann? Legt ein Bewerber dennoch ein Zwischenzeugnis „auf eigenen Wunsch" vor, dann meist deshalb, weil er nichts mehr zu verlieren hat – das heißt im Regelfall, dass die Trennung bereits feststeht und eine arbeitgeberseitige Kündigung ausgesprochen wurde.

Ein erfahrener Einsteller weiß das und erkennt die Absicht hinter einem solchen Zwischenzeugnis. „Gefährliche Zwischenzeugnisse" titelte ein Online-Portal zu diesem Sachverhalt.

Was hilft

Wer sich aus einem bereits gekündigten Arbeitsverhältnis heraus bewirbt, hat am Arbeitsmarkt schlechtere Chancen. Einsteller vermuten, dass Not und nicht Interesse hinter der Bewerbung steckt. Als Bewerber mit einem scheinbar unmotivierten Zwischenzeugnis „auf eigenen Wunsch" werden Sie gleich in die Kategorie „bereits gekündigt" eingeordnet und katapultieren sich daher womöglich von vornherein ins Aus.

Was aber können Sie dagegen tun? Wenn Sie das Zwischenzeugnis für Ihre laufenden Bewerbungen benötigen, gibt es zwei Alternativen.

Alternative 1: Lassen Sie sich das Zwischenzeugnis mit einem „normalen" Ausstellungsgrund ausstellen, zum Beispiel wegen eines Vorgesetztenwechsels.

Alternative 2: Wenn das nicht möglich ist, spielen Sie mit offenen Karten und erläutern den Adressaten Ihrer Bewerbung den Grund der bevorstehenden Trennung. Wie bereits erwähnt, ist die Realität für Sie meist viel günstiger als das, was der Einsteller vermutet, wenn er meint, ihm werde etwas verheimlicht. Nutzen Sie zur Formulierung der Trennungsgründe die Hinweise in Kapitel 7.

Kapitel 9
Häufige Fehler und „falsche Freunde"

Die Erfahrung zeigt, dass Mitarbeitern immer wieder dieselben Fehler unterlaufen, wenn sie ihre Zeugnisentwürfe selbst schreiben. Dabei glauben sie oft, es besonders gut gemacht zu haben. Zum anderen enthalten vom Arbeitgeber ausgefertigte Zeugnisse ebenfalls häufig negativ interpretierbare Aussagen, die absichtlich oder unabsichtlich eingefügt wurden und die dem Zeugnisempfänger bei der Prüfung meist gar nicht auffallen.

Die häufigsten Fauxpas – und mögliche Gegenmittel – finden Sie auf den folgenden Seiten.

Spiel's noch einmal, Sam

Selbst wenn es als einfache und effiziente Lösung erscheint: Schreiben Sie für Ihren Zeugnisentwurf nicht die Aufgabenbeschreibung aus Ihrem Lebenslauf ab. Denn derselbe Wortlaut in Zeugnis und Lebenslauf, das fällt beim Empfänger sofort auf. Und natürlich fragt er sich, wer hier vom wem abgeschrieben hat. Da gibt es zwei Erklärungen: Entweder haben Sie Ihr eigenes Zeugnis selbst entworfen und aus Bequemlichkeit Ihren Lebenslauf als Vorlage benutzt. Einem offensichtlich selbst geschriebenen Zeugnis jedoch misst der Einsteller nur geringen bis gar keinen Wert bei. Oder aber das Zeugnis stammt tatsächlich von Ihrem Arbeitgeber, und Sie haben die Angaben daraus für Ihren Lebenslauf abgeschrieben, weil Sie selbst nicht wussten, was Sie denn eigentlich die ganze Zeit gemacht haben. Auch das bringt Ihnen als Bewerber Minuspunkte.

Aus demselben Grund ist davon abzuraten, Formulierungen aus Ihren eigenen früheren Zeugnissen für das aktuelle Zeugnis zu verwenden.

Ich bin in allem der Beste

Eine andere, unter Zeugnis-Selbstschreibern weit verbreitete Praxis ist es, im Beurteilungsteil sämtliche gefundenen Bausteine der Stufe „sehr gut" aneinander zu reihen. Das klingt scheinbar wohlwollend, wird aber vom Zeugnisleser ganz anders eingeordnet: „Aha, das hat sich der Mitarbeiter selbst geschrieben." Niemand ist fortwährend in allem exzellent, und zu viel Lobhudelei hat den gegenteiligen Effekt: Der Leser gewinnt den Eindruck, dass der Zeugnisempfänger „weggelobt" wurde.

Weniger ist hier auf jeden Fall mehr.

Meine Verdienste passen nicht auf anderthalb Seiten

Allzu lange Zeugnisse erwecken ebenfalls leicht den Verdacht, vom Mitarbeiter selbst geschrieben worden zu sein. Je nach Dauer der Betriebszugehörigkeit sind Zeugnisse normalerweise ein bis zwei Seiten lang, und jede Seite mehr kann schnell übertrieben wirken. Was die Gewichtung angeht, so sollte die Beurteilung in der Regel nicht länger sein als der Aufgabenteil.

Gut gemeint, schlecht gesagt

Besondere Vorsicht ist angeraten bei mehrdeutigen Formulierungen, wie in den folgenden Beispielen.

Beispiel 1
Mit dem Satz *„Herr Meier* ging keiner Auseinandersetzung aus dem Wege"* wollte der Verfasser ausdrücken, Herr Meier habe Rückgrat gezeigt und zu seiner Meinung gestanden. Der Zeugnisleser könnte den Satz jedoch leicht so verstehen, als sei Herr Meier ein Streithammel gewesen.

Beispiel 2
Aus dem Passus *„Frau Ludwig* war fähig, Kritik anzunehmen und zu äußern"* könnte man hingegen schließen, dass sie einerseits besonders häufig Dinge bemäkelt und andererseits auch oft selbst Anlass zu Kritik gegeben hätte. Eine solche Aussage sollte man besser weglassen.

Beispiel 3
Im Zwischenzeugnis eines Abteilungsleiters fand sich der Satz *„Er war stets pünktlich und*

fleißig." Auch das sollte so nicht stehen bleiben. Erstens kommt „pünktlich und fleißig" immer im Dreigespann mit „ehrlich" einher. Das Weglassen der Ehrlichkeit kann auf Betrug oder Diebstahl hindeuten, auch wenn es in diesem Fall nicht so gemeint war. Zweitens ist der Sprachduktus für die Beurteilung einer Führungskraft nicht angemessen. Das Erscheinen zu einer bestimmten Uhrzeit sollte bei einem Abteilungsleiter hinter strategischen Aufgaben wie Umsatzsteigerung, Vermarktung neuer Produkte und ähnlichem zurückstehen.

Weggelassen

Wenn Sie wissen, dass Ihr Arbeitgeber mit bestimmten Aspekten Ihrer Arbeit oder Ihres Verhaltens nicht zufrieden war, bietet es sich an und ist gängige Praxis, diese Aspekte im Zeugnis wegzulassen. Aber Vorsicht: Lassen Sie keinen derjenigen Punkte weg, die ein Zeugnisleser üblicherweise erwartet und die Sie in Kapitel 3 aufgelistet finden.

Auch hier zur Verdeutlichung zwei Beispiele:

Beispiel 1
Einer der unverzichtbaren Faktoren ist Ihr Fachwissen (in Kapitel 3 unter „Wissen und Weiterbildung“ zusammengefasst). Fehlt etwa bei einem Ingenieur die Beurteilung des Fachwissens und wird er zugleich als „vielseitig einsetzbar“ bezeichnet, dann könnte der Leser glauben, der Mitarbeiter sei ein Hansdampf in allen Gassen ohne solide Fachkenntnisse gewesen, so eine Art „Allround-Dilettant“.

Beispiel 2
Dass die Dank-Bedauern-gute-Wünsche-Formel alle drei Komponenten enthalten sollte, haben Sie schon in Kapitel 4 gelesen. Aber da gibt es noch mehr zu beachten: Wenn Ihr Unternehmen Ihnen dankt, sollte es dies ausdrücklich für die geleistete Arbeit tun, nicht allein für das „angenehme Arbeitsverhältnis“. Letzteres könnte dem Leser signalisieren, dass Sie zwar ein netter Kerl waren, aber nichts Nennenswertes geleistet haben.

Widersprüchlich

Ein weiterer Fallstrick in Zeugnisentwürfen sind Widersprüche.

> Beispiel
>
> Im Zeugnis von Herrn Informatiker* werden seine fachlichen Fähigkeiten mit „sehr gut" bewertet und seine Arbeitsergebnisse mit „sehr gut in qualitativer und quantitativer Hinsicht". Die zusammenfassende Leistungsbeurteilung lautet jedoch *„Herr Informatiker hat seine Aufgaben stets zu unserer vollen Zufriedenheit erledigt und unserer Erwartung in jeder Hinsicht gut entsprochen*". Das entspricht der Note „gut".

Was soll ein Leser da denken? Sehr gute Fachkenntnisse in Verbindung mit weniger guten Leistungen, das mag ja noch gehen. Eben eine fachliche Koryphäe, die das theoretische Wissen nicht zu 100 Prozent in die Praxis umsetzen kann. Aber „sehr gute Arbeitsergebnisse" bei lediglich „guten" Leistungen, das ist wohl nicht möglich. Durch diesen Widerspruch wird das gesamte Zeugnis unglaubwürdig.

Nutzen Sie deshalb durchgängig die gleiche Bewertungsstufe bei allen Komponenten der Beurteilung und „benoten" Sie sich einheitlich. Wenn Sie wissen, dass Ihr Arbeitgeber Ihnen bei der zusammenfassenden Leistungsbeurteilung die Note „gut" geben möchte, dann sollte die Beurteilung im restlichen Text nicht davon abweichen. Das verbietet Ihnen natürlich nicht, einzelne Fähigkeiten wie Ihre Beherrschung von Excel oder Ihre Englischkenntnisse als sehr gut oder gar exzellent herauszustellen. Solche speziellen Fertigkeiten lassen sich durchaus mit einer „guten" Gesamtleistung verbinden und stören somit nicht das Gesamtbild.

An dieser kleinen Auflistung häufiger Fehler sehen Sie: Nicht alles, was für Sie auf den ersten Blick gut wirkt, kommt bei jedem Leser gut an. Überprüfen Sie Ihren Entwurf also lieber noch einmal und fragen Sie sicherheitshalber einen Profi um Rat.

Kapitel 10
Arbeitszeugnis und restliche Bewerbung: stark im Doppelpack

Es gibt Bewerbungen, da kann man als Leser nicht glauben, dass es sich im Lebenslauf und im Arbeitszeugnis um ein- und dieselbe Person handelt. Die Positionsbezeichnung weicht ab, die Aufgaben sind ganz anders, Ein- und Austrittsdatum stimmen nicht überein. Manchmal tragen der Zeugnisaussteller und der im Lebenslauf genannte Arbeitgeber nicht einmal denselben Firmennamen.

Das können Sie natürlich alles erklären, wenn Sie danach gefragt werden: die schlecht geführte Personalakte, die kürzliche Firmenfusion ... Aber wie viele Gelegenheiten zum Erklären werden Sie bei solchen Ungereimtheiten wohl bekommen?

Achten Sie deshalb besser darauf, dass Ihr Arbeitszeugnis in folgenden Punkten mit Ihren restlichen Bewerbungsunterlagen übereinstimmt:

- **Firmenname:** Wenn der Firmenname Ihres Arbeitgebers heute anders lautet als früher, sollte das im Zeugnis erklärt werden. Erklären Sie es aber zumindest in Ihrem Lebenslauf, zum Beispiel: „02/2005-09/2017 E-Plus Mobilfunk GmbH, gehört seit 2014 zur Telefónica-Gruppe"

- **Beginn- und Enddatum** des Arbeitsverhältnisses

- **Positionsbezeichnung:** Wenn Ihr Jobtitel im Zeugnis englisch und/oder nicht allgemein verständlich ist, können Sie ihn in Ihrem Lebenslauf übersetzen. Fügen Sie dann aber die Bezeichnung aus dem Arbeitszeugnis hinzu, etwa: *„Technischer Kundenbetreuer (Technical Sales Representative)"*

- **Daten von Beförderungen**

- **Aufgabenbeschreibung:** Dieser wichtige Zeugnisteil sollte inhaltlich deckungsgleich mit Ihren restlichen Bewerbungsunterlagen sein, aber nicht wörtlich identisch. Warum, das haben Sie schon im vorangegangenen Kapitel 9 „Häufige Fehler" erfahren.

Wenn Sie Ihren Zeugnisentwurf selbst schreiben, können Sie dafür sorgen, dass all die hier aufgeführten Feinheiten umgesetzt werden. Das wird sich in Ihrem Bewerbungsprozess günstig für Sie auswirken.

Kapitel 11
Zeugnisprüfung – mit Checkliste

Die Beurteilung der Qualität eines Arbeitszeugnisses scheint gar nicht so einfach zu sein, nicht einmal für Fachleute. In einer Studie der Zeitschrift „Personal Quarterly" wurde ein Arbeitszeugnis 256 Personalberatern vorgelegt. Diese sollten einschätzen, welcher Schulnote das Zeugnis entspräche. Im Ergebnis fanden sich alle Noten von „sehr gut" bis „mangelhaft".

Denken Sie nun deshalb aber nicht „Wozu soll ich mir dann überhaupt so viel Mühe mit meinem Zeugnisentwurf geben?" In der zitierten Untersuchung schätzten immerhin etwa zwei Drittel der Befragten das vorgelegte Zeugnis als „gut" ein. Und wenn Sie erreichen, dass zwei Drittel Ihrer Bewerbungsempfänger Ihr Zeugnis als ein gutes erkennen, dann hat sich Ihre Mühe doch schon gelohnt – oder nicht?

Aber wie kommt man denn nun zu einer fundierten Einschätzung? Das eigene Bauchgefühl ist hier wenig hilfreich. Es kommt vor, dass Laien ein exzellentes Zeugnis für schlecht halten, während ihnen tatsächlich negative Aussagen gar nicht auffallen. Laien sollten Zeugnisse nicht allein im Detail interpretieren, schrieb der Karriereberater Heiko Mell einmal in den VDI-Nachrichten. Der Umgang mit diesen brisanten Dokumenten erfordere fundierte Erfahrung.

Mit der entsprechenden Vorarbeit können Sie allerdings auch auf eigene Faust schon zu einem brauchbaren Ergebnis kommen. Nach der Lektüre der vorangegangenen Kapitel kennen Sie ja nun bereits zahlreiche Punkte, auf die Sie achten sollten. Hier noch einmal eine Checkliste zur Zeugnisprüfung, die keinen Anspruch auf Vollständigkeit erhebt:

Checkliste zur Zeugisprüfung

- ✓ Ist Ihr Name richtig geschrieben?
- ✓ Stimmen die Daten – Ein- und Austrittsdatum, Zeitpunkte von Beförderungen und Versetzungen, Ihr Geburtsdatum?
- ✓ Werden all Ihre wichtigen Aufgaben genannt?
- ✓ Werden der Grad Ihrer Verantwortung und Ihre hierarchische Einordnung deutlich?

- ✓ Sind die wesentlichen Bestandteile der Beurteilung vorhanden (wie Arbeitsbereitschaft und -befähigung, Wissen und Weiterbildung, Arbeitserfolg)?
- ✓ Wird auch Ihr Führungsverhalten beurteilt (sofern Sie Führungsverantwortung hatten)?
- ✓ Ist die zusammenfassende Leistungsbeurteilung angemessen?
- ✓ Sind bei der Beurteilung des Sozialverhaltens alle relevanten Personengruppen genannt, und zwar in der richtigen Reihenfolge (1. Kunden/Geschäftspartner, 2. Vorgesetzte, 3. Kollegen, 4. Mitarbeiter)?
- ✓ Ist die Beendigungsformel so gestaltet, dass sie die Fragen des Zeugnislesers restlos beantwortet?
- ✓ Werden Dank, Bedauern und gute Wünsche geäußert?
- ✓ Ist das Zeugnis sprachlich einwandfrei?
- ✓ Ist es auf einem offiziellen Firmenbriefbogen geschrieben?
- ✓ Stimmt das Ausstellungsdatum mit Ihren Wünschen überein?
- ✓ Wurde das Zeugnis von den richtigen Personen unterschrieben?

Achten Sie bei Ihrer Zeugnisprüfung auch auf die in Kapitel 9 aufgeführten Fehler und Mängel.

Die von vielen Arbeitgebern verwendeten Textbausteine können Sie anhand der hier empfohlenen Bausteinsammlungen überprüfen (siehe Literatur- und Linkliste am Ende dieses Buchs). Wenn Ihnen etwas seltsam vorkommt, Sie aber keinen entsprechenden Textbaustein finden, und wenn Ihnen weitere Kriterien zur Beurteilung fehlen, dann sollten Sie vielleicht doch einen Experten zu Rate ziehen – jemanden, der professionelle und praxiserprobte Kenntnisse über Arbeitszeugnisse vorweisen kann, wie in Kapitel 17 beschrieben.

Es gibt im Zeugnis praktisch nichts, dass nicht Anlass zu Beanstandungen geben könnte. Der Teufel steckt oft im Detail. So wurde beispielsweise vor Gericht schon einmal um ein Smiley in der Unterschrift des Zeugnisausstellers gestritten.

Kapitel 12
Schlechtes oder gar kein Arbeitszeugnis

Personaler betonen heute oft, sie legten gar keinen Wert auf Zeugnisse. In der Praxis zeigt sich jedoch immer wieder, dass Arbeitszeugnisse sich nachhaltig auf den Bewerbungserfolg auswirken. Im Guten und leider auch im Schlechten. Und selbst wenn Zeugnisse nach teilweise subjektiven Maßstäben eingeschätzt werden – es gibt offenbar doch einige Dinge, die allen Lesern auffallen.

Das jüngste Beispiel war besonders gravierend. Gerda Lindner*, gelernte Krankenschwester, hatte nach ihrer Übersiedlung von Schlesien nach Deutschland problemlos eine Stelle in einem Krankenhaus gefunden. Allerdings stimmte die Chemie in ihrem Team wohl nicht so ganz, weshalb ihr befristeter Vertrag nicht verlängert wurde. Im Gegensatz zu ihrer ersten Bewerbungsaktion und trotz des in Deutschland herrschenden Mangels an Pflegekräften erhielt sie beim zweiten Mal keine einzige Einladung, sich persönlich vorzustellen.

Schlechtes Zeugnis fällt auf – und verhindert Einstellung

Da alles andere gleich geblieben war und ihre erste Berufserfahrung in Deutschland sich normalerweise positiv hätte auswirken müssen, blieb nur eine Erklärung: Der Misserfolg musste mit dem Zeugnis ihres letzten Arbeitgebers zusammenhängen. Da ihr selbst im Text nichts Negatives auffiel, wandte Frau Lindner sich an einen Profi. Dem sprang der kritische Punkt sofort ins Auge. Die Zufriedenheitsformel lautete nämlich: „Insgesamt hat Frau Lindner die ihr übertragenen Aufgaben zu unserer vollen Zufriedenheit erledigt."

Mit „insgesamt" als Synonym für „im Großen und Ganzen" kommt diese Bewertung nach gesicherter Rechtsprechung der Schulnote „mangelhaft" gleich. Da nützt dann das Wort „voll" vor der Zufriedenheit auch nichts, obwohl „zu unserer vollen Zufriedenheit" als Schulnote „befriedigend" bedeutet. Aber durch den Zusatz „insgesamt" bleibt beim Leser der Eindruck „mangelhaft" bestehen. Eine mangelhafte Beurteilung ließ sich allerdings durch Frau Lindners Arbeit in keiner Weise rechtfertigen und widersprach zudem den sonstigen Aussagen des Zeugnisses. Offenbar hatte der Arbeitgeber das vernichtende Urteil ganz ohne Absicht so formuliert.

Kein Problem, meinen Sie vielleicht, dann soll die Bewerberin das ungünstige Zeugnis doch einfach weglassen! Davon ist allerdings dringend abzuraten. Fehlende Zeugnisse wirken sich im Allgemeinen noch fataler aus als schlechte. Die allergeringsten Erfolgsaussichten haben Bewerbungen, denen gar kein Arbeitszeugnis beiliegt. Hierzu ein weiteres Beispiel:

Zeugnisse nicht weglassen

Heinz Fuchs*, ein junger IT-Fachmann mit zweieinhalb Jahren Berufserfahrung, verschickte unter Anleitung seines Outplacement-Beraters hundert Zielgruppenbriefe mit dem Angebot, auf Wunsch seine komplette Bewerbungsmappe einzureichen. Es kamen auch postwendend zahlreiche Antworten von Firmen, die Herrn Fuchs um weitere Unterlagen baten. Die Zahl der Vorstellungsgespräche, zu denen er anschließend eingeladen wurde, betrug ... null.

Das war wirklich überraschend. Wie konnte das sein? Auf dem Arbeitsmarkt waren IT-Fachleute heiß begehrt. Nach eingehender Befragung stellte sich heraus, dass Herr Fuchs es versäumt hatte, sein Arbeitszeugnis in der Personalabteilung abzuholen, und seine Bewerbungsmappe folglich ohne Arbeitszeugnis an die interessierten Firmen verschickt hatte. Durch das Fehlen dieses wichtigen Dokuments erklärte sich die ausgebliebene Resonanz.

Natürlich beging der Kandidat denselben Fehler kein zweites Mal. Im nächsten Anlauf wurde er dann auch von acht Firmen zum Vorstellungsgespräch eingeladen, erhielt in fünf Fällen eine Zusage und war in der glücklichen Lage, sich das beste Angebot aussuchen zu können.

Mit besserem Zeugnis schnurstracks zum neuen Job

Nun zurück zu Gerda Lindner. Das aktuelle Arbeitszeugnis war für sie besonders wichtig, denn es dokumentierte, dass sie nach ihrer Übersiedlung schon hier in Deutschland gearbeitet hatte.

Mit Hilfe eines Fürsprechers und nach einigem Hin und Her konnte schließlich vom Arbeitgeber eine Zeugnisänderung erwirkt werden – mit einer befriedigenden Beurteilung, wie sie eigentlich auch beabsichtigt gewesen war. Damit erhielt Frau Lindner prompt wieder Einladungen zu Vorstellungsgesprächen und wurde direkt vom ersten Arbeitgeber eingestellt, dem sie ihr neues Zeugnis vorlegte.

An diesen Beispielen lässt sich belegen, dass Einsteller die Arbeitszeugnisse von Bewerbern genau zur Kenntnis nehmen, besonders was die Zufriedenheitsformel betrifft, und sich auf dieser Grundlage ihr Urteil bilden. Zudem fällt es unangenehm auf, wenn Zeugnisse fehlen.

Bewerber tun also gut daran,

- bei jedem Zeugnis auf einer angemessenen Beurteilung zu bestehen und
- Arbeitszeugnisse niemals wegzulassen, insbesondere die jüngeren.

In welchen Einzelfällen Sie ältere Zeugnisse eventuell weglassen können, erfahren Sie in Kapitel 14.

Kapitel 13
Nachbessern

Weil Arbeitszeugnisse über den Erfolg Ihrer Bewerbungen mitbestimmen, sollten Sie Fehler, Auslassungen, Ungereimtheiten oder eine zu schlechte Beurteilung in Ihrem Zeugnis nicht auf sich beruhen lassen.

Wenn es um reine Fakten geht (wie Daten oder Rechtschreibung), sind diese meist relativ leicht zu klären, und der Arbeitgeber wird eventuelle Fehler in der Regel berichtigen, wenn Sie ihn darum bitten.

Schwieriger wird es bei ungünstigen oder missverständlichen Formulierungen und natürlich bei der Frage der angemessenen Leistungsbeurteilung. Da sind Mitarbeiter und Arbeitgeber oftmals nicht einer Meinung. Überprüfen Sie Ihre eigene Interpretation anhand der Hinweise in diesem Buch und mittels der hier empfohlenen Textbausteinsammlungen. Wenn Sie dann zu dem Schluss kommen, dass Ihr Zeugnis tatsächlich etwas enthält, das Ihrer Karriere nachhaltig schaden könnte und das nicht Ihren tatsächlichen Leistungen oder Ihrem Verhalten entspricht, dann bemühen Sie sich um eine Nachbesserung. Unter Umständen haben Sie darauf sogar einen Rechtsanspruch. Allerdings ist der Rechtsweg keineswegs die Strategie, die den größtmöglichen Erfolg verspricht. Ein gutes Zeugnis beruht auf Wohlwollen, und das könnten Sie sich leicht verscherzen, wenn Sie Ihrem Arbeitgeber mit Rechtsmitteln drohen.

Juristischen Rat können und dürfen wir Ihnen an dieser Stelle nicht geben. Stattdessen erfahren Sie aber, wie Sie in der Praxis am besten vorgehen, wenn Sie Ihr Zeugnis geändert haben möchten.

Ansprechpartner

Hatten Sie immer ein gutes Verhältnis zu Ihrem Vorgesetzten? Dann ist er der geeignete Ansprechpartner für Ihre Änderungswünsche. Gab es jedoch Spannungen zwischen Ihnen und Ihrem Chef, dann wenden Sie sich besser an jemanden in der Personalabteilung – vorzugsweise an diejenige Person, die Sie zuletzt in Personalangelegenheiten betreut hat. Im Notfall, falls beides nichts fruchtet, kann vielleicht ein früherer Vorgesetzter beim selben Arbeitgeber helfen – jemand, unter dem Sie längere Zeit gearbeitet haben und der über Ansehen und Einfluss im Unternehmen verfügt.

Auftreten

- **Persönlich anfragen:** Sprechen Sie auf jeden Fall persönlich vor oder rufen Sie die Person Ihres Vertrauens an. Ein per E-Mail vorgebrachter Änderungswunsch wird in den seltensten Fällen zum Erfolg führen – außer wenn es sich um rein sachliche Korrekturen handelt, wie etwa ein falsches Datum. Aber selbst dann lösen Sie durch einen freundlichen Anruf sicher größeres Entgegenkommen aus.

- **Höflich bitten:** Formulieren Sie Ihr Anliegen als Bitte und nicht als Forderung. Zeugnisaussteller sind da überaus empfindlich. Letztlich sind Sie aber von deren Freundlichkeit und Wohlwollen abhängig, auch wenn Sie glauben, im Recht zu sein. Recht haben und Recht bekommen sind zwei Paar Schuhe, sagt schon eine alte Redensart.

- **Arbeit erleichtern:** Machen Sie der Gegenseite so wenig Arbeit wie möglich. Formulieren Sie Alternativvorschläge für die von Ihnen beanstandeten Ausdrücke oder Sätze. Achten Sie darauf, diese stets als „Vorschlag" oder „Entwurf" kenntlich zu machen.

Wollen Sie den Änderungsvorgang beschleunigen, dann schreiben Sie am besten das ganze Zeugnis einschließlich der von Ihnen vorgeschlagenen und kenntlich gemachten Änderungen als Text-Dokument vor und senden es (nach persönlicher oder telefonischer Rücksprache) an den Verantwortlichen. Der braucht es – wenn er die Änderungen geprüft und für akzeptabel befunden hat – dann nur noch auszudrucken und zu unterschreiben. Mit dieser einfachen Maßnahme lässt sich die Änderungsbereitschaft auf Arbeitgeberseite oft kolossal erhöhen.

Zeitfaktor

Weiter oben haben Sie schon gelesen, dass Ihr Zeugnisanspruch sehr rasch verjährt. Die Rechtsprechung verlangt, dass der Arbeitgeber sich noch gut an Sie erinnern kann, wenn er ein Zeugnis ausstellt – und das Gleiche gilt natürlich auch, wenn das Zeugnis geändert werden soll. Schon nach wenigen Monaten kann jedes Bemühen zu spät sein. Handeln Sie also rasch; umso höher sind Ihre Chancen.

Auf Kulanzbasis kann der Arbeitgeber Ihr Zeugnis natürlich auch später noch ändern. Die Aussicht besteht gelegentlich dann, wenn es unbeabsichtigt zu negativen Formulierungen gekommen ist. Aber auf eine solche nachträgliche Kulanz sollten Sie sich nicht verlassen.

Kompromisslösungen

Mit dem einen oder anderen Ihrer Änderungsvorschläge wird Ihr (Ex-)Arbeitgeber vielleicht einverstanden sein, selten jedoch mit allen. Hier ist diplomatisches Geschick gefragt. Verbeißen Sie sich nicht in Kleinigkeiten. Konzentrieren Sie sich auf diejenigen zwei bis drei Punkte, die für Sie selbst am wichtigsten sind. Erläutern Sie, welche Überlegungen Sie zu Ihrem Änderungswunsch gebracht haben. Zuweilen ist es sinnvoll, auf eine bestimmte Stelle in der einschlägigen Fachliteratur zu verweisen. Achten Sie aber darauf, Ihr Gegenüber nicht zu kränken, indem Sie ihm Unwissenheit unterstellen.

Handeln Sie einen tragbaren Kompromiss aus, so dass keine der beiden Seiten ihr Gesicht verliert. Wer Ihnen nicht bescheinigen will, dass Sie für etwas Bestimmtes „verantwortlich" waren, akzeptiert vielleicht stattdessen das Wort „zuständig". Lässt sich eine ungünstige Ausdrucksweise nicht Ihrem Wunsch gemäß umformulieren, ist die Streichung des betreffenden Satzes vielleicht die beste Lösung. Zeigt der Arbeitgeber sich vollkommen unnachgiebig bei der Zufriedenheitsformel, erfüllt aber Ihre Wünsche bei der Darstellung Ihrer Aufgaben und Erfolge, können Sie vielleicht damit leben.

Bleiben Sie stets freundlich, höflich und sachlich, auch wenn Sie Ihr störrisches Gegenüber am liebsten durchschütteln würden. Der Rechtsweg ist von allen denkbaren Lösungen die schlechteste und sollte nur in extrem schwerwiegenden Fällen beschritten werden, wenn sich auf friedlichem Wege überhaupt nichts erreichen lässt. Profis erkennen nämlich ein vor Gericht erstrittenes Zeugnis in aller Regel sofort – und kein Unternehmen stellt gerne jemanden ein, der seinen vorigen Arbeitgeber verklagt hat.

Hilfreiche Dritte

Häufig ist die Situation zwischen Mitarbeiter und Ex-Arbeitgeber so verfahren, und es sind so viele Emotionen im Spiel, dass ein Kompromiss kaum möglich erscheint. In solchen Fällen kann das Einschalten einer neutralen Instanz helfen. Das kann beispielsweise ein Karriereberater sein, der sich für Sie einsetzt, ohne dass er selbst emotional beteiligt ist. Dadurch fällt das Entgegenkommen der anderen Seite meist leichter.

Natürlich können Sie auch juristischen Rat einholen. Dann sollten Sie Ihren Rechtsbeistand auf jeden Fall bitten, alles zu tun, um eine außergerichtliche Einigung zu erreichen. Ein Anwalt, der nur aufs Klagen scharf ist, eignet sich in diesem Fall eher weniger gut.

Weitere Tipps, wie Sie einen geeigneten Karriereberater oder Rechtsanwalt finden, lesen Sie in Kapitel 17.

Kapitel 14
Welche Zeugnisse gehören in die Bewerbungsmappe?

Zu den Zeugnissen in Ihrer Bewerbungsmappe zählen nicht nur die Arbeitszeugnisse. Deshalb hier ein kleiner Exkurs zu der Frage, welche Zeugnisse denn eigentlich in Ihre Bewerbungsmappe gehören. Müssen Sie alle Zeugnisse beifügen? Und was bedeutet „alle" genau? Oder sollten Sie besser eine Auswahl treffen?

Die Frage lässt sich nicht allgemein beantworten, sondern hängt von individuellen Faktoren ab – wie Ihrem Alter und Ihrer Berufserfahrung oder der Anzahl und Art der vorhandenen Zeugnisse. Auch kommt es darauf an, um was für eine Bewerbung es sich handelt: Geht es um eine unverbindliche, erste Kontaktaufnahme, um eine Initiativbewerbung oder um die Beantwortung eines konkreten Stellenangebots? Wird die Bewerbung online oder per Post verschickt?

Diese Zeugnisse werden erwartet

Ganz allgemein gilt, dass Zeugnisse vollständig einzureichen sind. Dazu gehören

- alle **Arbeitszeugnisse,**
- das **Hochschulabschlusszeugnis,**
- das **Berufsausbildungszeugnis,**
- das **Zeugnis über den letzten Schulabschluss.**

Einzig das Letztere kann entfallen, wenn Sie die Vierzig überschritten haben.

Diese Zeugnisse können Sie weglassen

- **Zwischenzeugnisse** gehören nicht mehr in Ihre Mappe, wenn Sie von demselben Arbeitgeber bereits ein Abschlusszeugnis besitzen.

- **Fortbildungsbescheinigungen** sind nicht zwingend erforderlich. Auf das Teilnehmer-Zertifikat eines vierstündigen Excel-Lehrgangs oder Ähnliches können Sie verzichten;

es bläht Ihre Mappe nur unnötig auf. Nehmen Sie es aber später zum Vorstellungsgespräch ruhig mit.

Unvollständige Zeugnisse machen misstrauisch

Jedes weggelassene Zeugnis kann beim Empfänger Verdacht erwecken. Dass im fehlenden Zeugnis die Noten schlecht sind, ist dabei nur die wohlwollendste Annahme. Womöglich wird aber auch Schlimmeres vermutet, wie beispielsweise eine unehrenhafte Entlassung, weil Sie Ihren Arbeitgeber bestohlen haben. Oder dass Sie den angegebenen Universitätsabschluss gar nicht besitzen, weil Sie durch die Prüfung gefallen sind.

Stehen Sie daher lieber zu Ihren Dokumenten und reichen Sie Ihre Zeugnisse vollständig ein. Insbesondere bei den Arbeitszeugnissen erwarten laut einer Umfrage des Beratungsunternehmens „Personal Total“ 87 Prozent der Personalexperten, dass Bewerber diese vollständig beifügen. Lassen Sie also keins unter den Tisch fallen, auch nicht die weniger guten. Die Realität ist meist gar nicht so schlimm wie das, was der Adressat sich sonst vielleicht ausmalt.

Ausnahmen und Besonderheiten

Was im Allgemeinen gilt, kann im Einzelfall immer ganz anders sein. Deshalb haben wir die wichtigsten Ausnahmen und Sonderfälle hier für Sie zusammengestellt:

- **Kurzbewerbung:** Wenn Sie eine Kurzbewerbung verschicken oder einen ersten unverbindlichen Kontakt aufnehmen, sollten Sie den Empfänger nicht mit Informationen überfrachten. Lassen Sie die Zeugnisse ganz weg oder fügen Sie nur die zwei oder drei wichtigsten bei – in der Regel die jüngsten.

- **Managerbewerbung:** Auch als Manager tun Sie gut daran, Ihren Bewerbungen Zeugnisse beizufügen, da diese die Glaubwürdigkeit der behaupteten Leistungen erhöhen. Vereinzelt findet sich die Aussage, statt Zeugnissen könnten Manager alternativ auch Referenzen oder Empfehlungsschreiben einsetzen. Deren Wirkung wird aber im Einzelfall stark von der Person des Referenzgebers abhängen und davon, ob der Bewerbungsempfänger ihn kennt. Zudem bleibt bei diesem Vorgehen die Frage offen, aus welchem Grund kein „richtiges" Zeugnis vorliegt. Solchen Zweifeln können Sie von vornherein vorbeugen, indem Sie Ihre Zeugnisse dem Wunsch-Arbeitgeber vorlegen oder dies zumindest anbieten.

- **Zu viele Zeugnisse:** Sie haben insgesamt mehr Zeugnisse, als Sie einem Leser zumuten möchten? Möglicherweise ist es dann sinnvoll, Arbeitszeugnisse von weit zurückliegenden und nur kurzzeitig ausgeübten Tätigkeiten wegzulassen, so dass Sie auf insgesamt **nicht mehr als sieben Zeugnisse** kommen. Aber Achtung: Wenn die älteren Zeugnisse wichtige Informationen enthalten oder Ihre Arbeit darin besonders positiv bewertet wird, reichen Sie sie vielleicht doch besser mit ein.

- **Schlechte Zeugnisse:** Lassen Sie auf keinen Fall ein Zeugnis weg, nur weil es weniger gut ausgefallen ist. Ein gewiefter Personaler ahnt sogleich den Grund oder vermutet noch Schlimmeres. Wenn Sie meinen, ungerecht beurteilt worden zu sein, und es gelingt Ihnen nicht, die Bewertung ändern zu lassen, dann können Sie eventuell parallel zum Zeugnis eine persönliche Referenz oder Empfehlung mit einreichen. Oder dies im Vorstellungsgespräch anbieten – damit Ihre Bewerbungsmappe nicht zu dick wird. Derartige Eiertänze lassen sich übrigens häufig vermeiden, wenn Sie eine ungerechtfertigt schlechte Bewertung direkt beim Zeugnisaussteller reklamieren. Und zwar unmittelbar nachdem Sie das Zeugnis erhalten haben – die von der Rechtsprechung vorgegebenen Fristen zur Nachbesserung eines Arbeitszeugnisses sind sehr kurz. Nach vier Monaten kann es bereits zu spät sein.

- **Fehlende Zeugnisse:** Natürlich sollten Sie niemals einen Arbeitgeber ohne ein qualifiziertes Zeugnis verlassen. Falls Ihnen aber doch ein wesentliches Zeugnis fehlt, können Sie versuchen, bei Ihrem früheren Vorgesetzten nachträglich eine persönliche Referenz zu erwirken. Oder Sie lassen sich nachträglich eine Arbeitsbescheinigung ausstellen, oder Sie legen ersatzweise Ihren Sozialversicherungsnachweis in Ihre Bewerbungsmappe.

- **Fortbildungsbescheinigungen:** Diese sollten Sie nur dann beifügen, wenn Sie eine besondere Fortbildung absolviert haben, die zu Ihrer Zielposition passt und für den Arbeitgeber von hohem Wert ist, wie beispielsweise ein Kursus am MIT in Massachusetts, ein Lehrgang bei der Controller-Akademie in Starnberg oder die Zertifizierung zum Sicherheitsbeauftragten. Achten Sie aber immer darauf, dass Sie dadurch die Gesamtzahl von sieben Zeugnissen nicht überschreiten.

- **Praktikumszeugnisse:** Zeugnisse über Praktika und Aushilfstätigkeiten sind vor allem für Berufseinsteiger wichtig. Sie können meist fortfallen, sobald Sie zwei oder mehr Arbeitszeugnisse aus Festanstellungen besitzen.

- **Zeugnis liegt noch nicht vor:** Wenn Sie Schulabgänger oder Hochschulabsolvent sind und Ihnen zum Zeitpunkt der Bewerbung das Abschlusszeugnis noch nicht vorliegt, dann lassen Sie es nicht einfach weg. Ersetzen Sie es vielmehr durch das jüngste relevante Zeugnis. Bei Abiturienten wäre das zum Beispiel das letzte Versetzungszeugnis, bei Hochschulabsolventen eine Notenübersicht aus dem Studium (Transcript of Records).

- **Abbruch ohne Zeugnis:** Sie haben eine Berufsausbildung oder ein Studium begonnen, aber keinen Abschluss erlangt? Schwamm drüber, wenn Sie stattdessen einen anderen Abschluss vorweisen können. Andernfalls sollten Sie Ihre absolvierten Semester oder Ausbildungsjahre aber schon nachweisen – etwa durch ein Zwischenprüfungszeugnis oder ein Zeugnis des Ausbildungsbetriebs.

Reihenfolge der Zeugnisse

Wenn Sie Ihre Zeugnisse alle beisammen haben, ordnen Sie sie logisch – am besten in der Reihenfolge, die dem Lebenslauf entspricht. Also zuerst die Arbeitszeugnisse, beginnend mit dem neuesten, dann der Hochschul- oder Berufsabschluss und zuletzt das Schulabschlusszeugnis. Erleichtern Sie dem Adressaten das Auffinden, indem Sie auf dem Deckblatt angeben, welche Zeugnisse Sie hinzugefügt haben. Mit vollständig vorhandenen und sinnvoll geordneten Zeugnissen macht Ihre Bewerbung auf jeden Fall einen guten Eindruck.

Kapitel 15
Referenzschreiben

Sie haben nun erfahren, warum gute Zeugnisse so wichtig sind und wie fatal sich schlechte oder fehlende Arbeitszeugnisse auswirken können. Was aber tun, wenn Ihr letztes Zeugnis doch ungünstiger ausgefallen ist, als Sie das für gerechtfertigt halten, und wenn Sie keine Nachbesserung erreichen konnten? Das Zeugnis einfach weglassen? Nein, das ist keine gute Idee, wie Sie in dem Fallbeispiel von Heinz Fuchs in Kapitel 12 gesehen haben. In solchen Fällen bietet sich ein Referenzschreiben als Ergänzung zum weniger erfreulichen Arbeitszeugnis an.

Ein Referenzschreiben leistet auch dann gute Dienste, wenn Sie überhaupt kein Arbeitszeugnis vorlegen können – etwa weil Sie noch am Beginn Ihrer beruflichen Laufbahn stehen, weil Sie als Selbstständiger gearbeitet haben oder weil Sie aus dem Ausland nach Deutschland gezogen sind.

Extra-Tipp:
Berufsanfängern sei hier übrigens nochmal ans Herz gelegt, sich über jedes längere

Praktikum und über jede Aushilfstätigkeit ein Zeugnis ausstellen zu lassen.

Was ist ein Referenzschreiben?

Unter einem Referenzschreiben versteht man die schriftliche Empfehlung einer Person, die Sie aus dem beruflichen Kontext kennt. Die Empfehlung wird freiwillig ausgestellt und ist vor allem im angelsächsischen Sprachraum gang und gäbe.

Vielfach differenziert die Fachliteratur zwischen Referenzschreiben und Empfehlungsschreiben. Während das Referenzschreiben allgemein adressiert ist („Sehr geehrte Damen und Herren" oder „To whom it may concern"), richtet sich das Empfehlungsschreiben an einen bestimmten Empfänger („Sehr geehrter Herr Schulze*"). Es bezieht sich auf eine bestimmte Zielposition, für die der Bewerber sich nach Meinung des Autors gut eignet. Diese Unterscheidung ist aber nicht allgemein anerkannt. Für Sie als Bewerber erweist sich häufig das Referenzschreiben als nützlicher, weil Sie es bei all Ihren Bewerbungen einsetzen können.

Worin unterscheidet sich ein Referenzschreiben vom Arbeitszeugnis?

Zunächst einmal haben Sie keinen Rechtsanspruch auf ein Referenzschreiben. Anders als beim Arbeitszeugnis existieren für solche Schreiben auch keine juristisch begründeten Vorgaben bezüglich Inhalt oder Form. Formal handelt es sich um einen Brief, der mit einer Anrede beginnt und mit einer Grußformel endet.

Die in Arbeitszeugnissen vorgeschriebenen inhaltlichen Angaben entfallen im Referenzschreiben oft; stattdessen wird der Referenznehmer subjektiv eingeschätzt. Persönliche Daten wie Alter und Geburtsort gehören nicht ins Referenzschreiben. Die Beurteilung ist frei formulierbar; die im Arbeitszeugnis gefürchteten „Geheimcodes" finden im Referenzschreiben keine Anwendung.

Der Referenzgeber legt seine persönliche Meinung dar und tut das gewöhnlich in der Ich-Form. Erscheinungsbild, Aufbau und Inhalt des Referenzschreibens können stark durch die Persönlichkeit und den kulturellen Hintergrund des Ausstellers geprägt sein.

Wen bitten Sie um ein Referenzschreiben, und wie gehen Sie dabei vor?

Am besten eignen sich Personen mit hohem Status und Ansehen, deren hierarchische Position eine oder zwei Stufen über der Ihrigen liegt. Selbstverständlich sollte Ihr Referenzgeber Sie gut kennen und Ihre Leistungen fundiert einschätzen können. Idealerweise hat Ihr Fürsprecher eng mit Ihnen zusammengearbeitet, Sie lange Jahre geführt oder ausgebildet. Personen aus Ihrem privaten Umfeld, Familienangehörige und Freunde sind hingegen tabu. Ihnen traut man keine objektive Stellungnahme zu.

Geeignete Referenzgeber sind:

- derzeitige und frühere Vorgesetzte sowie deren Chefs
- Führungskräfte in Kundenunternehmen, mit denen Sie eng zusammengearbeitet haben
- Auftraggeber (bei selbstständiger Tätigkeit)
- Professoren und Mentoren
- höherrangige Funktionäre aus einer ehrenamtlichen Tätigkeit

Dass eine anerkannte Persönlichkeit sich mit einem Referenzschreiben freiwillig für Sie einsetzt und im Zweifelsfall dafür ihren guten Ruf riskiert, ist eine große Sache. Gehen Sie also nicht leichtfertig an Ihr Vorhaben heran und beachten Sie einige wichtige Regeln:

- **Persönlich:** Bitten Sie den Aussteller stets persönlich um das Referenzschreiben. Wer eine solche Anfrage über seine Sekretärin erhält, womöglich noch unter ungünstigen Umständen, der wird wohl kaum zu einem so großen Entgegenkommen bereit sein.

- **Guter Zeitpunkt:** Vereinbaren Sie einen Telefon- oder Gesprächstermin, um dem Referenzgeber Ihre Bitte und den Grund dafür zu erläutern. Und lassen Sie Ihrem Gesprächspartner anschließend genügend Zeit für die Abfassung seiner Referenz.

- **Information:** Schildern Sie Ihrem Gegenüber Ihre Situation und erzählen Sie ihm, wozu Sie seine Referenz benötigen. Er sollte erfahren, für welche Aufgaben und bei welcher Art von Unternehmen Sie sich bewerben.

Liefern Sie ihm von sich aus hilfreiche Unterlagen, wie Ihren Lebenslauf und die Beschreibung Ihrer Tätigkeit unter ihm als Chef, etwa in Form der Stellenbeschreibung oder – wenn vorhanden – des Arbeitszeugnisses.

- **Entwurf:** Machen Sie es Ihrem Referenzgeber so leicht wie möglich und bieten Sie ihm an, ihm einen Entwurf für sein Referenzschreiben zur Verfügung zu stellen, wenn er das möchte.

Was muss in einem Referenzschreiben stehen?

Das Referenzschreiben ist in der Regel kürzer als ein Arbeitszeugnis und übersteigt meist nicht den Umfang von einer DIN-A4-Seite. Es enthält Namen und Anschrift des Ausstellers und ist – wenn vorhanden – auf einem offiziellen Briefbogen gedruckt. Wenn der Referenzgeber damit einverstanden ist, dass der Empfänger des Schreibens Kontakt mit ihm aufnimmt, dann gibt er seine Telefondurchwahl und/oder E-Mail-Adresse ebenfalls mit an.

Am Anfang des Schreibens stellt der Referenzgeber sich kurz vor und beschreibt, woher er den Referenznehmer kennt, in welchem Verhältnis er zu ihm stand und in welchem Zeitraum er ihn beobachtet oder mit ihm zusammengearbeitet hat. Es folgt die Position des Referenznehmers innerhalb dieses Zeitraums und seine wesentlichen Aufgaben.

Der Hauptteil besteht in der Schilderung der Fähigkeiten, Kenntnisse und Leistungen des Referenznehmers, bevorzugt in Form von Beispielen, sowie seiner persönlichen Eigenschaften. Dieser letztere Teil darf subjektiv und emotional gehalten sein, das macht die Wertschätzung umso glaubhafter.

Das Referenzschreiben kann auch eine Zufriedenheitsaussage enthalten, ähnlich wie im Arbeitszeugnis.

Am Schluss stehen das Datum sowie die Unterschrift des Ausstellers.

Natürlich sollte das Schreiben den Normen für Geschäftsbriefe entsprechen und in fehlerfreier Schriftsprache abgefasst sein.

Wieviel Lob ist für Sie günstig?

In der Regel enthält ein Referenzschreiben ausschließlich positive und wertschätzende Aussagen. Da die Ausstellung auf freiwilliger Basis erfolgt, wird jemand, der Sie nicht empfehlen kann, dies auch nicht tun. Wer Ihrer Bitte hingegen nachkommt, wird Sie entsprechend loben.

Seien Sie aber dennoch vorsichtig und achten Sie auf die richtige Dosis. Folgende Dinge machen keinen guten Eindruck:

- nichtssagende und abgedroschene Floskeln
- übertriebene Lobhudelei
- die Anhäufung von Superlativen
- halbherzig formulierte Empfehlungen mit vielen Fehlern

Solche Formulierungen lassen vermuten, dass der Autor des Schreibens sich nicht sonderlich viel Mühe damit gegeben hat. Eine derartige Referenz könnte Ihnen als Bewerber im Endeffekt mehr schaden als nützen.

Wie ergänzt das Referenzschreiben Ihre Bewerbungsmappe?

Das Referenzschreiben wird in Ihrer Bewerbungsmappe direkt hinter Lebenslauf und Know-how-Profil einsortiert – jedenfalls dann, wenn es sich auf Ihre derzeitige oder letzte Arbeitsstelle bezieht. Geht es darin um weiter zurückliegende Zeiträume, dann ordnen Sie es in zeitlich umgekehrter Reihenfolge zwischen Ihre Arbeitszeugnisse ein, so dass die aktuellsten Dokumente immer zuoberst liegen.

In Einzelfällen kann es Ausnahmen geben – etwa wenn die Referenz besonders viele Bezüge zu der Stelle aufweist, um die Sie sich aktuell bewerben. Dann ist der Platz vor Ihren Arbeitszeugnissen angemessen. Auch ein Hinweis im Anschreiben hilft dem Leser, das Referenzschreiben rasch zu finden.

Muster-Vorlage am Schluss

Eine Muster-Vorlage bieten wir Ihnen als Arbeitshilfe am Ende dieses Buchs in Kapitel 20. Die Vorlage dient lediglich als Anregung. Referenzschreiben sind frei gestaltbar; Ihr eigenes Referenzschreiben kann daher ganz anders aussehen.

Kapitel 16
Mündliche Referenzen und Referenzliste

Viele Kandidaten fügen ihrer Bewerbung Referenzschreiben bei, um dem potenziellen neuen Arbeitgeber ein besseres Bild von ihren Leistungen und von ihrer Persönlichkeit zu vermitteln. Manche Personalberater und Einsteller holen Referenzen jedoch lieber telefonisch ein. Das gilt insbesondere bei Positionen im gehobenen Management. Manchmal erfahren die Kandidaten davon nichts, weil die Entscheider diskret ihre persönlichen Netzwerke nutzen. In anderen Fällen werden Sie als Bewerber jedoch gebeten, Referenzgeber zu benennen. Für diesen Fall sollten Sie gewappnet sein und eine Referenzliste in petto haben. Wie Sie eine solche Liste vorbereiten, wessen Namen darauf stehen und wie sie aussehen sollte, erfahren Sie hier.

Wann brauchen Sie eine Referenzliste?

Falsche Personalentscheidungen kommen ein Unternehmen teuer zu stehen und können den Verantwortlichen im schlimmsten Fall den Job kosten. Deshalb gehen Einsteller gern auf Nummer Sicher und lassen beim kleinsten Zweifel lieber die Finger von einem Bewerber. Gerade dann kann eine gut vorbereitete Referenzliste Ihnen als Bewerber helfen, Vertrauen in Ihre Fähigkeiten und Leistungsbereitschaft aufzubauen. Mit Ihrer Referenzliste beseitigen Sie womöglich das letzte Quäntchen Zweifel, das Ihrer Einstellung noch im Wege stand.

Das heißt: Je höher Ihr Gehalt und je teurer demzufolge die Kosten einer Fehlentscheidung, desto wichtiger ist die Referenzliste für Sie.

Aber es gibt noch weitere Fälle, in denen die Referenzliste über Ihr Bewerberschicksal entscheiden kann, zum Beispiel die folgenden:

- Sie waren zuletzt für ein Zeitarbeitsunternehmen tätig. Dann wird Ihr Vorgesetzter in diesem Unternehmen nur wenig über Ihre Aufgaben und Ihre Leistungen wissen. Eine Referenzliste mit den Namen der Chefs, für die Sie bei den Kunden der Zeitarbeitsfirma tatsächlich gearbeitet haben, wird Ihnen da sicherlich weiterhelfen.

- Das Gleiche gilt, wenn Sie von Ihrem Arbeitgeber zu einem anderen Unternehmen entsendet oder abgeordnet waren.

- Als Mitarbeiter einer Werbe-/PR-Agentur oder einer IT-Beratungsfirma arbeiten Sie häufig enger mit den Kunden zusammen als mit Chef und Kollegen. Auch hier empfiehlt sich eine Referenzliste mit den Namen derjenigen Personen in den Kundenunternehmen, denen Sie direkt zugearbeitet haben.

- Sie hatten bisher erst einen einzigen Arbeitgeber und haben von diesem noch kein Arbeitszeugnis erhalten. In diesem Fall ist die Referenzliste ein Muss.

- Sie bewerben sich aus der Selbstständigkeit heraus. Dann sollten Sie Auftraggeber benennen, die Auskunft über Ihre Leistungen geben können.

Achtung:
Referenzen dienen – zumindest in Deutschland – nur als Ergänzung, keinesfalls als Ersatz für Arbeitszeugnisse. Letztere sollten lückenlos vorhanden sein.

Wen wählen Sie als Referenzgeber?

Als Referenzgeber für eine mündliche oder fernmündliche Auskunft eignet sich derselbe Personenkreis wie beim Referenzschreiben (siehe Kapitel 15).

Es versteht sich wohl von selbst, dass die Kontaktperson im Vorfeld ihr Einverständnis geben muss, dass Sie sie als Referenzgeber nennen dürfen.

Wie stellen Sie sicher, dass die Referenz positiv ausfällt?

Zunächst einmal müssen Sie Ihre Referenzgeber möglichst gründlich über Sinn und Zweck der Referenz und über Ihren aktuellen Status informieren. Ein gutes Briefing ist das A und O für den Erfolg Ihrer Referenzliste. Keinesfalls reicht es aus, wenn der Betreffende Ihnen vor Zeiten einmal gesagt hat, Sie könnten ihn als Referenz nennen. Sprechen Sie sich sorgfältig mit Ihren Referenzgebern ab, damit der Schuss nicht womöglich nach hinten losgeht.

- Ihr Referenzgeber sollte Ihre derzeitige Situation kennen und wissen, für welche Aufgaben und bei welcher Art von Unternehmen Sie sich bewerben. Nur dann ist er auf mögliche Fragen desjenigen, der bei ihm die Auskunft einholt, gut vorbereitet.

- Setzen Sie Ihren Referenzgeber auch unbedingt darüber in Kenntnis, welchen Grund für die Trennung von seinem Unternehmen Sie in Bewerbungsgesprächen angeben. Fragen Sie, ob er bereit ist, die gleiche Fassung wie Sie zu verwenden, so dass für Spekulationen kein Raum bleibt.

- Versorgen Sie Ihren Fürsprecher am besten zusätzlich mit Ihren aktuellen Bewerbungsunterlagen, insbesondere mit Ihrer

Beschreibung der Tätigkeit unter ihm als Chef. Nicht dass ihm bei Einholung der Referenz sonst unabsichtlich der überraschte Ausruf entfährt: „Das hat der bei uns doch gar nicht gemacht."

Wie viele Referenzgeber müssen Sie nennen?

Zwei bis maximal vier Personen, die die oben genannten Kriterien erfüllen, reichen normalerweise aus. Der Einsteller sollte zwar einerseits eine Auswahl haben. Andererseits können zu viele Namen in der Liste leicht den Eindruck erwecken, als hätten Sie den Beistand der Referenzgeber dringend nötig und wären allein nicht imstande, Ihre Qualifikationen und Erfahrungen überzeugend darzustellen.

Bei Selbstständigen, die keine Arbeitszeugnisse vorzuweisen haben, darf die Referenzliste hingegen ruhig etwas länger ausfallen.

Wie gehen Sie vor, wenn Referenzgeber die Firma gewechselt haben?

Die Referenz ist etwas Persönliches und – anders als das Arbeitszeugnis – nicht an eine bestimmte Firma gebunden. Wenn Ihr Referenzgeber weiterhin einverstanden ist, geben Sie seinen Namen sowie seine derzeitige Position an und erwähnen, aus welchem Unternehmen Sie ihn kennen und in welcher Beziehung er seinerzeit zu Ihnen stand.

Wie bereiten Sie die Referenzliste schriftlich auf?

Erstellen Sie die Liste auf einem gesonderten Blatt und führen Sie Ihre Referenzgeber stichpunktartig auf. Wenn die Referenzen Ihren beruflichen Stationen entsprechen, geben Sie als erstes den Namen des Unternehmens an. In anderen Fällen können Sie auch mit den Namen der Referenzpersonen beginnen.

Folgende Angaben helfen dem Adressaten am meisten:

- Unternehmen
- Name des Referenzgebers
- Position (bei zwischenzeitlicher Beförderung und/oder Firmenwechsel die seinerzeitige und die heutige Position)
- Beziehung zu Ihnen
- Telefonnummer (direkte Durchwahl) und am besten auch zusätzlich Mobilfunknummer

Muster-Vorlage am Schluss

Eine Muster-Vorlage bieten wir Ihnen als Arbeitshilfe am Ende dieses Buchs in Kapitel 20. In der dort dargestellten oder einer ähnlichen Form ist die Referenzliste praktikabel und lesefreundlich. Briefkopf und Layout sollten natürlich dem Ihrer anderen Bewerbungsunterlagen entsprechen.

In Ihrer Bewerbungsmappe findet die Referenzliste ihren Platz zwischen Ihrem Lebenslauf/ Know-how-Profil und den Zeugnissen.

Kapitel 17
Expertensuche – Karriereberater und Rechtsanwälte

Wenn Sie sich nach der Lektüre dieses Buchs noch nicht sicher genug fühlen, um Ihren eigenen Zeugnisentwurf zu erstellen, möchten Sie vielleicht professionelle Hilfe in Anspruch nehmen. Aber wer kommt dafür in Frage?

Sie denken vermutlich zuerst an Personalfachleute, Führungskräfte und Personalberater. Eventuell gibt es so jemanden in Ihrer Familie oder in Ihrem Bekanntenkreis. Diese Personen können Sie natürlich um Unterstützung bitten. Aber bedenken Sie dabei: Auch wer häufig mit Arbeitszeugnissen zu tun hat, ist deswegen nicht gleich ein Experte. Das zeigt unter anderem die in Kapitel 11 erwähnte Studie, bei der über 30 Prozent der Personalberater das vorgelegte Zeugnis nicht richtig interpretierten.

Beim Abfassen des eigenen Zeugnisentwurfs können Outplacement- oder Karriereberater Ihnen helfen. Aber auch hier verfügen nicht alle über fundiertes Fachwissen auf diesem Gebiet. Erkundigen Sie sich also vor der Beauftragung, ob der Berater Erfahrung mit Arbeitszeugnissen hat, die idealerweise in der betrieblichen Praxis erworben wurden. Lassen Sie sich ein anonymisiertes Beispielzeugnis zeigen, das der Coach für einen anderen Bewerber erstellt hat. Fragen Sie, wie der Berater dafür sorgt, dass Ihr Arbeitszeugnis zusammen mit Ihren anderen Bewerbungsunterlagen einen stimmigen Gesamteindruck erzeugt. Seien Sie misstrauisch bei Angeboten, bei denen der Zeugnisentwurf ohne Ihre Mitwirkung entsteht.

Vertrauen Sie einem Berater erst dann, wenn Sie sicher sind, dass er sich mit Arbeitszeugnissen sehr gut auskennt und dass er bei der Erarbeitung Ihres Zeugnisentwurfs Ihre Bewerbung als Ganzes im Blick hat.

Der Gang zum Rechtsanwalt hingegen ist sinnvoll,

- wenn Sie die Korrektur von Unstimmigkeiten oder einer zu schlechten Bewertung im Arbeitszeugnis bei Ihrem Arbeitgeber nicht auf diplomatischem Weg erreichen können oder
- wenn Sie sich wegen einer Kündigung oder eines Aufhebungsvertrags nicht gütlich mit Ihrem Arbeitgeber einigen können.

Wählen Sie bei einem solchen Konflikt einen Fachanwalt für Arbeitsrecht. Ihre örtliche Rechtsanwaltskammer nennt Ihnen Adressen, oder Sie nutzen eins der zahlreichen Internetportale für die Anwaltssuche, etwa die Website der Bundesrechtsanwaltskammer www.brak.de.

Viele Anwälte erstellen für Sie auch einen Zeugnisentwurf. Dieser ist dann sicherlich juristisch korrekt. Er ist jedoch meist nicht genügend individualisiert, und es fehlen die Feinheiten, auf die Personaler achten und die Ihr Zeugnis – im Zusammenspiel mit Ihrer restlichen Bewerbung – erst wirklich glaubwürdig machen.

Gern unterstützen wir Sie bei der Suche nach einem geeigneten Experten und geben Ihnen eine persönliche Empfehlung. Dazu kontaktieren Sie uns bitte per E-Mail an presse@karriere-mit-vision.de.

Kapitel 18
Ausblick

Das Arbeitszeugnis mag ein Relikt aus der Steinzeit sein, vor allem im Vergleich mit anderen Ländern. Vielleicht wird dieses Konstrukt, so wie es heute in Deutschland existiert, irgendwann abgeschafft. Bis dahin wird aber noch eine Menge Wasser den Berg hinunterfließen.

Der Trend geht allerdings in vielen, insbesondere größeren Firmen dahin, die Zeugnisse in standardisierter Form von einem EDV-Programm erstellen zu lassen. Mit dem Einsatz solcher Software sinkt die Bereitschaft zum Nachbessern auf Wunsch des Mitarbeiters gegen Null, weil die durch die Automatisierung bezweckte Zeitersparnis dadurch wieder zunichte gemacht würde.

Umso mehr Grund für Sie als Bewerber, dem automatisch generierten 15-Sekunden-Dokument durch einen eigenen, fundierten und durchdachten Entwurf für Ihr eigenes Arbeitszeugnis zuvorzukommen.

Kapitel 19
Checkliste: Die 13 wichtigsten Punkte für Zeugnis-Selbstschreiber

Alles, was Sie beachten müssen, wenn Sie Ihr Zeugnis selbst schreiben, finden Sie hier noch einmal in 13 Punkten übersichtlich zusammengefasst:

- ✓ Verständlichkeit und Ausschluss von Missverständnissen sind oberstes Gebot!
- ✓ Die Richtigkeit aller Angaben versteht sich von selbst. Das betrifft Daten (wie Geburtsdatum, Ein- und Austrittsdatum) sowie die Rechtschreibung. Auch auf grammatische und stilistische Korrektheit kommt es an. Fehler fallen nicht nur auf Ihren Arbeitgeber, sondern auch auf Sie zurück.
- ✓ Achten Sie bei der Positions- und Aufgabenbeschreibung darauf, dass jedermann versteht, für was Sie zuständig waren. Englische Bezeichnungen sollten Sie eventuell übersetzen oder ergänzend erläutern.
- ✓ Eine Firmenbeschreibung ist keine Pflicht,

kann aber dem Leser den Stellenwert Ihrer Aufgabe verdeutlichen. Fassen Sie sich hier kurz (drei bis vier Sätze).

- ✓ Listen Sie all Ihre wichtigen Tätigkeiten auf. Verwenden Sie für die Aufgaben eigene Formulierungen und schreiben Sie keinesfalls ab, weder aus Ihrem Lebenslauf noch aus früheren Zeugnissen. Sorgen Sie dafür, dass Ihr Verantwortungsbereich und Ihre hierarchische Einordnung erkennbar werden.
- ✓ Gehen Sie mit standardisierten Textbausteinen sparsam um und modifizieren Sie diese.
- ✓ Punkten Sie mit individuellen Aussagen, die sich konkret auf Ihre Person und Ihre Leistungen beziehen. Achten Sie dabei auf klare und unmissverständliche Formulierungen.
- ✓ Nennen Sie Ihre Arbeitsergebnisse und Arbeitserfolge konkret und untermauern Sie diese mit messbaren Angaben.
- ✓ Verwenden Sie im Beurteilungsteil nicht durchgängig die Stufe „sehr gut" und übertreiben Sie nicht. Individualität und Glaubwürdigkeit zählen mehr als Lobhudelei.

- ✓ Prüfen Sie nach, ob alle thematischen Punkte enthalten sind und ob Aufgabenbeschreibung und Beurteilung in ausgewogenem Verhältnis stehen.
- ✓ Formulieren Sie die Beendigungsformel so, dass die Gründe Ihres Ausscheidens klar auf der Hand liegen und der Leser nicht nachfragen muss.
- ✓ Die Gesamtlänge Ihres Zeugnisses sollte zur Dauer Ihrer Betriebszugehörigkeit passen.
- ✓ Sorgen Sie für inhaltliche (nicht wörtliche!) Deckungsgleichheit Ihres Arbeitszeugnisses mit Ihren restlichen Bewerbungsunterlagen.

Kapitel 20

Arbeitshilfen: 5 Muster-Vorlagen

Hier stellen wir Ihnen einige Muster-Vorlagen als Arbeitshilfen zur Verfügung. Alle Namen, Daten und weiteren Angaben in diesen Dokumenten sind frei erfunden.

- Arbeitszeugnis, Beispiel 1
- Arbeitszeugnis, Beispiel 2
- Zwischenzeugnis, Beispiel
- Referenzschreiben, Beispiel
- Referenzliste, Beispiel

Diese Beispiele dienen lediglich als Anregung. Für Ihr eigenes Arbeitszeugnis, Ihr Referenzschreiben oder Ihre Referenzliste setzen Sie individuell alle bisher aufgeführten Tipps um, so dass Ihr Dokument ein Unikat wird, dessen Aussagen nur auf Sie und auf sonst niemanden zutreffen.

Arbeitszeugnis, Beispiel 1

Maschinenbau GmbH

Musterstraße 999
12345 Musterstadt
Telefon 0049-(0)1234-99 99 99
Telefax 0049-(0)1234-99 99 999
E-Mail info@maschinenbaugmbh.de
www.maschinenbaugmbh.de

Zeugnis

Herr Martin Technikus, geboren am 19. Juli 1981, war seit dem 01.09.2002 bei der Maschinenbau GmbH beschäftigt,

- bis zum 31.10.2007 als Assistent der Produktionsleitung,
- danach bis zum 31.03.2011 als Projektkoordinator für die Einführung eines PPS-Systems,
- bis zum 14.03.2013 als Abteilungsleiter Fertigungsplanung mit den Bereichen Arbeitsplanung, NC-Programmierung und Zeitwirtschaft,
- seit dem 15.03.2013 als Leiter der mechanischen Fertigung, die neben der Fertigung selbst die Abteilungen Werksinstandhaltung, Werkzeugwesen mit Messmittelverwaltung und die Fertigungsplanung umfasst.

Als Projektkoordinator für die Einführung des PPS-Systems war Herr Technikus zuständig für die Anpassung dieses Systems an die Anforderungen der Produktion, für die praktische Ausgestaltung der organisatorischen Abläufe, für die Einarbeitung der Mitarbeiter sowie für die Behebung von Anlaufschwierigkeiten. Aufgrund seiner ausgezeichneten Fachkenntnisse und seiner systematischen Arbeitsweise hat er die Einführung dieses Systems maßgeblich beeinflusst und forciert.

Bei der Einführung wurde insbesondere die organisatorische Grundlage für die Reorganisation der Fertigungssteuerung mit den Bereichen Materialdisposition und Werkstattsteuerung gelegt sowie die Nutzung des PPS-Systems im Bereich der Arbeitsplanung festgelegt und entscheidend verbessert.

Als Abteilungsleiter Fertigungsplanung hat Herr Technikus die von seinem Vorgänger begonnene Einführung des Programmier-Systems XYZ erfolgreich im Bereich der Bearbeitungszentren sowie der Fräsmaschinen fortgesetzt, vollendet und die Verwaltung der Werkzeugdaten in das XYZ-System integriert. Dies führte zu einer erheblichen Produktivitätssteigerung in diesem Bereich.

In seiner Funktion als Leiter der mechanischen Fertigung war Herr Technikus verantwortlich für

- Organisation und Optimierung der Arbeitsabläufe
- Verbesserung des Werkzeugwesens
- Aufbau einer gut funktionierenden Prüfmittelüberwachung
- Einführung einer autonomen Fertigungsgruppe
- Mitwirkung an der Zertifizierung nach der Norm DIN-ISO 9001 für seinen Bereich

Seite 1 von 2

Maschinenbau GmbH

Musterstraße 999 ∫ 12345 Musterstadt
Fon: 0049-(0)1234-99 99 99 ∫ Fax: 0049-(0)1234-99 99 999
E-Mail: info@maschinenbaugmbh.de ∫ www.maschinenbaugmbh.de

Zeugnis

Herr Martin Technikus, geboren am 19. Juli 1981, war seit dem 01.09.2002 bei der Maschinenbau GmbH beschäftigt,

- bis zum 31.10.2007 als Assistent der Produktionsleitung,
- danach bis zum 31.03.2011 als Projektkoordinator für die Einführung eines PPS-Systems,
- bis zum 14.03.2013 als Abteilungsleiter Fertigungsplanung mit den Bereichen Arbeitsplanung, NC-Programmierung und Zeitwirtschaft,
- seit dem 15.03.2013 als Leiter der mechanischen Fertigung, die neben der Fertigung selbst die Abteilungen Werksinstandhaltung, Werkzeugwesen mit Messmittelverwaltung und die Fertigungsplanung umfasst.

Als Projektkoordinator für die Einführung des PPS-Systems war Herr Technikus zuständig für die Anpassung dieses Systems an die Anforderungen der Produktion, für die praktische

Ausgestaltung der organisatorischen Abläufe, für die Einarbeitung der Mitarbeiter sowie für die Behebung von Anlaufschwierigkeiten. Aufgrund seiner ausgezeichneten Fachkenntnisse und seiner systematischen Arbeitsweise hat er die Einführung dieses Systems maßgeblich beeinflusst und forciert.

Bei der Einführung wurde insbesondere die organisatorische Grundlage für die Reorganisation der Fertigungssteuerung mit den Bereichen Materialdisposition und Werkstattsteuerung gelegt sowie die Nutzung des PPS-Systems im Bereich der Arbeitsplanung festgelegt und entscheidend verbessert.

Als Abteilungsleiter Fertigungsplanung hat Herr Technikus die von seinem Vorgänger begonnene Einführung des Programmier-Systems XYZ erfolgreich im Bereich der Bearbeitungszentren sowie der Fräsmaschinen fortgesetzt, vollendet und die Verwaltung der Werkzeugdaten in das XYZ-System integriert. Dies führte zu einer erheblichen Produktivitätssteigerung in diesem Bereich.

In seiner Funktion als Leiter der mechanischen Fertigung war Herr Technikus verantwortlich für

- Organisation und Optimierung der Arbeitsabläufe
- Verbesserung des Werkzeugwesens
- Aufbau einer gut funktionierenden Prüfmittelüberwachung
- Einführung einer autonomen Fertigungsgruppe

- Mitwirkung an der Zertifizierung nach der Norm DIN-ISO 9001 für seinen Bereich

In dieser Funktion führte Herr Technikus 125 Mitarbeiter und berichtete an den Produktionsleiter.

Wir haben Herrn Technikus als verlässlichen und verantwortungsbewussten Mitarbeiter kennen gelernt. Seine Flexibilität und die Bereitschaft, sich neuen Aufgaben und Situationen zu stellen, waren Voraussetzung und Gewähr dafür, dass er neue Aufgaben stets beweglich und rasch löste. Besonders halfen ihm dabei seine hervorragenden Kenntnisse auf dem Gebiet der Zerspanungstechnik und das Wissen um moderne Produktionsmethoden und Arbeitstechniken. Hervorzuheben sind seine Ausdauer und sein Durchhaltevermögen bei der Umsetzung neuer Technologien. An der erfolgreichen Zertifizierung unseres Unternehmens hatte er wesentlichen Anteil.

Bei seinen Mitarbeitern war Herr Technikus aufgrund seiner fachlichen Qualitäten geachtet und beliebt. Durch sein hohes Engagement motivierte er sie zu sehr guten Leistungen und erzeugte ein positives Arbeitsklima.

Herr Technikus erledigte seine Aufgaben stets zu unserer vollen Zufriedenheit.

Wegen seiner Kompetenz und seiner verbindlichen Art war er bei Vorgesetzten, im Kollegenkreis und bei den Mitarbeitern sehr geschätzt und anerkannt. Die Zusammenarbeit mit ihm war jederzeit angenehm.

Im Rahmen einer Umstrukturierung wird in unserem Unternehmen die dritte Hierarchieebene abgebaut. Damit entfällt auch die Position des Leiters der mechanischen Fertigung. Leider ist es uns nicht möglich, Herrn Technikus eine andere, seiner Qualifikation entsprechende Stelle anzubieten. Er verlässt unser Unternehmen zum 31.03.2015.

Wir danken ihm für die langjährige wertvolle Zusammenarbeit und bedauern es, eine so gute Fach- und Führungskraft zu verlieren. Für seinen weiteren Lebensweg wünschen wir Herrn Technikus viel Erfolg und alles Gute.

Musterstadt, den 31.03.2015

Heinz Oberchef	Werner Kaufmann
Produktionsleiter	Leiter Personal

Arbeitszeugnis, Beispiel 2

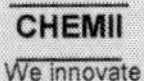

Zeugnis

Herr Dr. phil. nat. Werner Chemikus, geboren am 20. Oktober 1966, war seit dem 1. Oktober 2007 in unserem Unternehmen beschäftigt.

Die Deutsche Chemii GmbH in Mannheim ist die deutsche Holding der British Chemicil PLC in London. Die deutschen Konzerngesellschaften erwirtschaften über zwei Milliarden Euro Umsatz p. a. mit rund 2.000 Mitarbeitern.

Zunächst oblag Herrn Dr. Chemikus als SHE-Manager die Aufgabe, den neu eingerichteten Bereich "Sicherheit, Gesundheit, Umwelt" (SHE) aufzubauen. Mit großer Initiative und unermüdlichem Einsatz gelang es ihm, ein effizientes und für unser Unternehmen wichtiges Ressort zu schaffen.

Mit Wirkung vom 01. Januar 2009 wurde er zum Leiter der SHE-Abteilung mit zwei Mitarbeitern ernannt. Diese Abteilung war zuständig für Deutschland, Österreich und die Schweiz. Herr Dr. Chemikus berichtete an den Geschäftsführer vor Ort sowie an den Business Line Manager mit Sitz in London.

Zu Herrn Dr. Chemikus' Aufgaben gehörten im Wesentlichen:

- Analyse, Interpretation und Information zur SHE-Gesetzgebung in den o. g. Ländern mit den besonderen Schwerpunkten
  - Kennzeichnung und Einstufung von Produkten
  - Lagerung und Transport gefährlicher Güter
- Mitarbeit im Verband der Chemischen Industrie (VCI) zu den Themenkreisen "Produktsicherheit" und "Lagerung"
  - Leitung der Arbeitsgruppe "Standardsätze im Sicherheitsdatenblatt"
- Vertretung von Interessen der Deutsche Chemii GmbH bei Verbänden und Behörden
- Unterstützung der Verkaufsaktivitäten der verschiedenen Geschäftsbereiche der Deutsche Chemii GmbH in allen SHE-Fragen
- Information und Schulung der englischen Geschäftsbereiche über deutsche Gesetze und Verordnungen
- Redaktion der deutschsprachigen Sicherheitsdatenblätter unter Berücksichtigung der nationalen Gesetzgebung in Deutschland, Österreich und der Schweiz
- Entwicklung und Anpassung eines EDV-Systems und Netzwerks zur Erfassung, Erstellung und Bearbeitung von Sicherheitsdatenblättern, kompatibel zum System der britischen Muttergesellschaft
- Leitung des Notfallzentrums der British Chemicil PLC für die deutschsprachigen Länder
- Konzern-Gefahrgutbeauftragter

Seite 1/2

Deutsche Chemii GmbH
Sonstwasstraße 111, 68165 Mannheim, Germany
www.chemii.com

Deutsche Chemii GmbH

Sonstwasstraße 111, 68165 Mannheim, Germany

www.chemii.com

Zeugnis

Herr Dr. phil. nat. Werner Chemikus, geboren am 20. Oktober 1966, war seit dem 1. Oktober 2007 in unserem Unternehmen beschäftigt.

Die Deutsche Chemii GmbH in Mannheim ist die deutsche Holding der British Chemicil PLC in London. Die deutschen Konzerngesellschaften erwirtschaften über zwei Milliarden Euro Umsatz p. a. mit rund 2.000 Mitarbeitern.

Zunächst oblag Herrn Dr. Chemikus als SHE-Manager die Aufgabe, den neu eingerichteten Bereich „Sicherheit, Gesundheit, Umwelt" (SHE) aufzubauen. Mit großer Initiative und unermüdlichem Einsatz gelang es ihm, ein effizientes und für unser Unternehmen wichtiges Ressort zu schaffen.

Mit Wirkung vom 01. Januar 2009 wurde er zum Leiter der SHE-Abteilung mit zwei Mitarbeitern ernannt. Diese Abteilung war zuständig für Deutschland, Österreich und die Schweiz.

Herr Dr. Chemikus berichtete an den Geschäftsführer vor Ort sowie an den Business Line Manager mit Sitz in London.

Zu Herrn Dr. Chemikus' Aufgaben gehörten im Wesentlichen:

- Analyse, Interpretation und Information zur SHE-Gesetzgebung in den o. g. Ländern mit den besonderen Schwerpunkten
    - Kennzeichnung und Einstufung von Produkten
    - Lagerung und Transport gefährlicher Güter
- Mitarbeit im Verband der Chemischen Industrie (VCI) zu den Themenkreisen „Produktsicherheit" und „Lagerung"
    - Leitung der Arbeitsgruppe „Standardsätze im Sicherheitsdatenblatt"
- Vertretung von Interessen der Deutsche Chemii GmbH bei Verbänden und Behörden
- Unterstützung der Verkaufsaktivitäten der verschiedenen Geschäftsbereiche der Deutsche Chemii GmbH in allen SHE-Fragen
- Information und Schulung der englischen Geschäftsbereiche über deutsche Gesetze und Verordnungen
- Redaktion der deutschsprachigen Sicherheitsdatenblätter unter Berücksichtigung der nationalen Gesetzgebung in Deutschland, Österreich und der Schweiz
- Entwicklung und Anpassung eines EDV-Systems und Netzwerks zur Erfassung, Erstellung und Bearbeitung

von Sicherheitsdatenblättern, kompatibel zum System der britischen Muttergesellschaft

- Leitung des Notfallzentrums der British Chemicil PLC für die deutschsprachigen Länder
- Konzern-Gefahrgutbeauftragter

Wir haben Herr Dr. Chemikus als überdurchschnittlich motivierten und kompetenten Mitarbeiter kennen gelernt, der stets beispielhaften Arbeitseinsatz zeigte. Er war einerseits ein hervorragender Naturwissenschaftler und Techniker und verfügte andererseits über umfassende, breit gefächerte Kenntnisse der geltenden Normen und Rechtsvorschriften, mit deren Hilfe er auch schwierige Fragen sehr erfolgreich löste.

Herr Dr. Chemikus arbeitete selbstständig und zielorientiert. Sein Arbeitsstil war geprägt durch Zuverlässigkeit, Pflichtbewusstsein und Systematik. Durch seine Mitwirkung bei der Optimierung von Verfahren und Abläufen trug er wesentlich dazu bei, die Operationsfähigkeit des Unternehmens sicherzustellen.

Darüber hinaus war Herr Dr. Chemikus mit moderner Informationstechnologie bestens vertraut, was ihm besonders beim Aufbau der Sicherheitsdatenblatt-Datenbank zugutekam. Hierdurch verringerte sich der Arbeitsaufwand für die Sicherheitsdatenblätter erheblich, so dass wir finanzielle und personelle Einsparungen erzielen konnten.

Seine Mitarbeiter motivierte Herr Dr. Chemikus durch eine fach- und personenbezogene Führung jederzeit zu sehr guten Leistungen. Er entwickelte seine Arbeitsgruppe zu einem dynamischen, sehr effizienten und harmonischen Team.

Herr Dr. Chemikus erfüllte alle an ihn gestellten Anforderungen stets zu unserer vollsten Zufriedenheit und erledigte seine Aufgaben immer in höchster fachlicher Qualität.

Vorgesetzte, Kollegen und Mitarbeiter schätzten seine hohe Kompetenz sowie sein angenehmes Auftreten. Auf seine Loyalität konnte die Geschäftsführung sich jederzeit verlassen. Auch sein Auftreten gegenüber externen Gesprächspartnern war immer vorbildlich.

Insbesondere beim Überprüfen englischer Sicherheitsdatenblätter der verschiedenen Geschäftssparten unserer Muttergesellschaft in England bedurfte es einer professionellen Akzeptanz und der Fähigkeit, deutsche gesetzliche Bestimmungen darzulegen und zu interpretieren. Herr Dr. Chemikus verfügte über das erforderliche Maß an Diplomatie, Geschick und Ausdauer für diese diffizile Aufgabe. In diesem Zusammenhang erwähnen wir die verhandlungssichere Beherrschung der englischen Sprache, die es Herrn Dr. Chemikus auch erlaubte, unser Haus bei internationalen Fortbildungsveranstaltungen und Kongressen zu repräsentieren.

Aufgrund von Verkauf und Verselbständigung der Geschäftsbereiche fällt Herrn Dr. Chemikus' Arbeitsplatz leider weg; es wird im Konzern keine gleichwertige Position mehr geben. Daher endet das Arbeitsverhältnis zum 31. Dezember 2019. Wir bedauern Herrn Dr. Chemikus' Ausscheiden sehr, bedanken uns für die geleistete Arbeit und wünschen ihm alles Gute und viel Erfolg für seine Zukunft.

Mannheim, den 31.12.2019

Michael Dingens	Marlene Former
Geschäftsführer	HR Business Partner

Zwischenzeugnis, Beispiel

CDE WERKZEUGMASCHINEN

Zwischenzeugnis

Herr Diplom-Kfm. Georg Ökonom, geboren am 15. Januar 1967 in Lippstadt, trat am 01.11.2014 als Leiter After Sales Services in unser Unternehmen ein.

Die CDE Werkzeugmaschinen GmbH & Co. KG ist ein weltweit führender Hersteller von Werkzeugmaschinen vorwiegend für XY-Materialien. Das Unternehmen hat Tochtergesellschaften in den USA, in China und Indien und beschäftigt heute rund 500 Mitarbeiter. 2019 erzielte CDE einen Jahresumsatz von 140 Millionen Euro.

Herrn Ökonom obliegt die Leitung der Abteilungen Ersatzteilservice und Field Service mit insgesamt rund 80 Mitarbeitern. Zudem ist Herr Ökonom fachlich verantwortlich für die dezentralen Serviceorganisationen in den USA, China und Indien. Er berichtet an den Geschäftsführer.

Zum Ersatzteilservice gehören neben dem Ersatzteilverkauf auch Einkauf, Montage, Kommissionierung, Verpackung, Versand und Fakturierung von Ersatzteilen.

Der Field Service ist zuständig für Montage, Inbetriebnahme und Abnahme der Maschinen bei Kunden in der ganzen Welt, für die Durchführung von Inspektions- und Wartungsarbeiten sowie Reparaturen an Kundenmaschinen. Dazu gehören neben dem Verkauf der Dienstleistungen auch die Koordination der Serviceeinsätze, die Abrechnung von Serviceleistungen, das Reklamationsmanagement und die Durchführung des Remote Service.

Zu Herrn Ökonoms Aufgaben gehören insbesondere:

- Integration der bisher separat geführten Abteilungen
- Realisierung eines Lifecycle-Konzeptes
- Einführung des proaktiven Vertriebs von Ersatzteilen
- Einführung eines KPI-Systems (Key Performance Indicators), dadurch Verbesserung der Transparenz im Controlling und in der Mitarbeiterführung
- Aufbau eines aktiven CRM-Systems, dadurch Ausbau und Festigung der Kundenbeziehungen
- Optimierung von Lagerstrategien, dadurch hohe Lieferfähigkeit bei minimaler Kapitalbindung
- Einstieg ins E-Business, u. a. mittels eines elektronischen Ersatzteilkatalogs
- Aufbau eines Reklamationsmanagements
- Entwicklung und Vertrieb von Serviceverträgen
- Aufbau des Remote Service als Geschäftsmodell, dadurch Umsatzsteigerung sowie dramatische Reduzierung der Qualitätskosten
- Auf- und Ausbau eines globalen Service-Netzwerks; erhebliche Kosteneinsparung durch weltweiten Einsatz der Techniker aus den dezentralen Serviceorganisationen
- Ausbildung und Qualifikation der ausländischen Techniker
- Nachwuchssicherung im Servicetechnikerpool

Seite 1 von 2

CDE Werkzeugmaschinen GmbH & Co. KG
Hans-Sachs-Straße 15
12345 Musterstadt

Tel. 09999 99-0
info@cde.de
www.cde.de

CDE WERKZEUGMASCHINEN

CDE Werkzeugmaschinen GmbH & Co. KG
Hans-Sachs-Straße 15
12345 Musterstadt

Tel. 09999 99-0
info@cde.de
www.cde.de

Zwischenzeugnis

Herr Diplom-Kfm. Georg Ökonom, geboren am 15. Januar 1967 in Lippstadt, trat am 01.11.2014 als Leiter After Sales Services in unser Unternehmen ein.

Die CDE Werkzeugmaschinen GmbH & Co. KG ist ein weltweit führender Hersteller von Werkzeugmaschinen vorwiegend für XY-Materialien. Das Unternehmen hat Tochtergesellschaften in den USA, in China und Indien und beschäftigt heute rund 500 Mitarbeiter. 2019 erzielte CDE einen Jahresumsatz von 140 Millionen Euro.

Herrn Ökonom obliegt die Leitung der Abteilungen Ersatzteilservice und Field Service mit insgesamt rund 80 Mitarbeitern. Zudem ist Herr Ökonom fachlich verantwortlich für die dezentralen Serviceorganisationen in den USA, China und Indien. Er berichtet an den Geschäftsführer.

Zum Ersatzteilservice gehören neben dem Ersatzteilverkauf auch Einkauf, Montage, Kommissionierung, Verpackung, Versand und Fakturierung von Ersatzteilen.

Der Field Service ist zuständig für Montage, Inbetriebnahme und Abnahme der Maschinen bei Kunden in der ganzen Welt, für die Durchführung von Inspektions- und Wartungsarbeiten sowie Reparaturen an Kundenmaschinen. Dazu gehören neben dem Verkauf der Dienstleistungen auch die Koordination der Serviceeinsätze, die Abrechnung von Serviceleistungen, das Reklamationsmanagement und die Durchführung des Remote Service.

Zu Herrn Ökonoms Aufgaben gehören insbesondere:

- Integration der bisher separat geführten Abteilungen
- Realisierung eines Lifecycle-Konzeptes
- Einführung des proaktiven Vertriebs von Ersatzteilen
- Einführung eines KPI-Systems (Key Performance Indicators), dadurch Verbesserung der Transparenz im Controlling und in der Mitarbeiterführung
- Aufbau eines aktiven CRM-Systems, dadurch Ausbau und Festigung der Kundenbeziehungen
- Optimierung von Lagerstrategien, dadurch hohe Lieferfähigkeit bei minimaler Kapitalbindung
- Einstieg ins E-Business, u. a. mittels eines elektronischen Ersatzteilkatalogs

- Aufbau eines Reklamationsmanagements
- Entwicklung und Vertrieb von Serviceverträgen
- Aufbau des Remote Service als Geschäftsmodell, dadurch Umsatzsteigerung sowie dramatische Reduzierung der Qualitätskosten
- Auf- und Ausbau eines globalen Service-Netzwerks; erhebliche Kosteneinsparung durch weltweiten Einsatz der Techniker aus den dezentralen Serviceorganisationen
- Ausbildung und Qualifikation der ausländischen Techniker
- Nachwuchssicherung im Servicetechnikerpool

Mit der Erfüllung dieser Aufgaben ist eine ausgedehnte Reisetätigkeit vor allem in Asien verbunden.

Wir schätzen Herrn Ökonom als überaus kompetente Fach- und Führungspersönlichkeit, die ihren Aufgabenbereich stets mit großem Engagement zielorientiert und ergebnisgerecht leitet und durch vielfältige Initiativen weiterentwickelt. In das neue Aufgabengebiet hat Herr Ökonom sich sehr rasch hervorragend eingearbeitet. Dabei kamen ihm seine schnelle Auffassungsgabe sowie seine langjährige Berufserfahrung in der Maschinenbauindustrie zugute.

Herr Ökonom beherrscht absolut sicher alle Facetten des After Sales Service einschließlich der angrenzenden Bereiche. Dabei verbindet er hervorragendes betriebswirtschaftliches Fachwissen mit ausgeprägtem technischem Verständnis.

Mit seiner analytischen Denkweise und seinem Sinn für das Machbare erkennt und nutzt er die Chancen sowohl für Umsatzsteigerungen sowie für Kosteneinsparungen. Er hat den After Sales Service mehr vertrieblich ausgerichtet und noch nicht ausgeschöpfte Umsatzpotenziale expansiv mit großem Erfolg erschlossen. So ist es ihm beispielsweise gelungen, den Ersatzteilumsatz um 30 Prozent zu erhöhen – bei gleichzeitig steigenden Deckungsbeiträgen. Dabei erfüllt er durch innovative Maßnahmen die steigenden Anforderungen der Kunden, erhöht so die Kundenbindung und stärkt unseren Ruf als absolut zuverlässiger Lieferant.

Als Vorgesetzter ist Herr Ökonom anerkannt und beliebt. Er verhält sich den Mitarbeitern gegenüber stets offen und kooperativ, versteht es aber dennoch, sich auch in schwierigen Situationen durchzusetzen und seine Teams zu optimalem Arbeitseinsatz zu führen.

Es gelingt Herrn Ökonom im In- und Ausland, tüchtige Mitarbeiter – insbesondere Servicetechniker – für unser Unternehmen zu finden, zu qualifizieren und zu leistungsorientierten Teams zu entwickeln.

Alle seine Aufgaben erfüllt Herr Ökonom stets zu unserer vollsten Zufriedenheit und entspricht unseren Erwartungen in jeder Hinsicht.

Wegen seines verbindlichen und fachlich kompetenten Auftretens genießt er bei Kunden, Vorgesetzten, Kollegen und Mitarbeitern gleichermaßen großes Ansehen und hohe Wertschätzung. Er repräsentiert unser Unternehmen jederzeit in vorbildlicher Weise. Hervorzuheben ist seine gute Zusammenarbeit mit den Kollegen der internationalen Tochtergesellschaften sowie anderer Fachbereiche, wobei ihm seine fließenden Englischkenntnisse zugutekommen.

Dieses Zwischenzeugnis wird wegen einer Neuausrichtung der Organisations- und Abteilungsstruktur erstellt. Wir danken Herrn Ökonom für die stets sehr guten Leistungen und freuen uns auf die Fortsetzung der ausgezeichneten Zusammenarbeit.

Musterstadt, 31. März 2020

Heinz Berger	Martha Schnee
Geschäftsführer	Leiterin Personal

Referenzschreiben, Beispiel

Musterfirma GmbH

Firmenadresse
Telefon Firma
www.musterfirma.com HRB Musterstadt 12345

5. Januar 2020

To Whom It May Concern

Ich schreibe diese Referenz für Frau Karin Busch. Als Geschäftsführer der Musterfirma GmbH war ich mehr als zwei Jahre lang ihr Vorgesetzter. Innerhalb dieses Zeitraums habe ich miterlebt, wie Frau Busch sich in raschem Tempo von einer erfahrenen Produktmanagerin zu einer leistungsfähigen und effektiven Führungskraft entwickelte.

Frau Busch war eins von drei Mitgliedern des Kernteams, das aktiv den Aufbau unserer Niederlassung in Hongkong auf den Weg brachte. Diese Niederlassung war weltweit verantwortlich für Themen wie Produktentwicklung und -management, Marketing, Qualitätsmanagement, strategischen Einkauf, Finanzen, IT, Human Resources und andere.

Frau Busch zeichnet sich aus durch hohe Professionalität und eine ausgezeichnete Arbeitsqualität. Sie ist hochgradig integer, zuverlässig und überaus angenehm im Umgang. An der rapiden Entwicklung der Musterfirma GmbH von einer technisch geprägten Organisation zu einem marktorientierten, agilen Unternehmen hatte sie wesentlichen Anteil.

Zu den Grundlagen ihres Erfolgs gehörte ein überarbeiteter, logisch durchdachter und sehr innovativer Marketing-Mix, der bei unseren Kunden großen Anklang fand. Die unter ihrer Verantwortung entwickelten Produkte erhielten mehrmals namhafte Preise und Auszeichnungen. Frau Buschs strategische Maßnahmen und deren praktische Umsetzung entlang KPI-basierter Kennzahlen machten Musterfirma zu der am stärksten wachsenden und zuverlässigsten Einheit in der gesamten Musterfirma-Gruppe.

Als Führungskraft setzte Frau Busch ihren Mitarbeitern anspruchsvolle, aber faire Ziele, die auch regelmäßig erreicht wurden. Dank der jederzeit großen Motivation erledigte ihr Team auch dringende Sonderprojekte, zusätzlich zu der ohnehin hohen Arbeitsbelastung. Frau Busch rekrutierte ihre Mitarbeiter nicht nur selbst, sondern kümmerte sich auch persönlich um deren Weiterentwicklung.

Ich kann Frau Busch für jede Aufgabe wärmstens empfehlen, für die sie sich bewirbt. Nehmen Sie gerne Kontakt zu mir auf, wenn Sie weitere Informationen über Frau Busch und ihre Leistungen während unserer Zusammenarbeit benötigen.

Freundliche Grüße

S Sang

Stefan Sang
Geschäftsführer
Musterfirma GmbH

5. Januar 2020

To Whom It May Concern

Ich schreibe diese Referenz für Frau Karin Busch. Als Geschäftsführer der Musterfirma GmbH war ich mehr als zwei Jahre lang ihr Vorgesetzter. Innerhalb dieses Zeitraums habe ich miterlebt, wie Frau Busch sich in raschem Tempo von einer erfahrenen Produktmanagerin zu einer leistungsfähigen und effektiven Führungskraft entwickelte.

Frau Busch war eins von drei Mitgliedern des Kernteams, das aktiv den Aufbau unserer Niederlassung in Hongkong auf den Weg brachte. Diese Niederlassung war weltweit verantwortlich für Themen wie Produktentwicklung und -management, Marketing, Qualitätsmanagement, strategischen Einkauf, Finanzen, IT, Human Resources und andere.

Frau Busch zeichnet sich aus durch hohe Professionalität und eine ausgezeichnete Arbeitsqualität. Sie ist hochgradig integer, zuverlässig und überaus angenehm im Umgang. An der rapiden Entwicklung der Musterfirma GmbH von einer technisch geprägten Organisation zu einem marktorientierten, agilen Unternehmen hatte sie wesentlichen Anteil.

Zu den Grundlagen ihres Erfolgs gehörte ein überarbeiteter, logisch durchdachter und sehr innovativer Marketing-Mix, der bei unseren Kunden großen Anklang fand. Die unter ihrer Verantwortung entwickelten Produkte erhielten mehrmals namhafte Preise und Auszeichnungen. Frau Buschs strategische Maßnahmen und deren praktische Umsetzung entlang KPI-basierter Kennzahlen machten Musterfirma zu der am stärksten wachsenden und zuverlässigsten Einheit in der gesamten Musterfirma-Gruppe.

Als Führungskraft setzte Frau Busch ihren Mitarbeitern anspruchsvolle, aber faire Ziele, die auch regelmäßig erreicht wurden. Dank der jederzeit großen Motivation erledigte ihr Team auch dringende Sonderprojekte, zusätzlich zu der ohnehin hohen Arbeitsbelastung. Frau Busch rekrutierte ihre Mitarbeiter nicht nur selbst, sondern kümmerte sich auch persönlich um deren Weiterentwicklung.

Ich kann Frau Busch für jede Aufgabe wärmstens empfehlen, für die sie sich bewirbt. Nehmen Sie gerne Kontakt zu mir auf, wenn Sie weitere Informationen über Frau Busch und ihre Leistungen während unserer Zusammenarbeit benötigen.

Freundliche Grüße

S Sang

Stefan Sang

Geschäftsführer

Musterfirma GmbH

Referenzliste, Beispiel

Fabian Muster

Musterstraße 99
12345 Musterstadt
Tel. 01 23 / 99 99 99
Mobil 01 60 / 9 99 99 99
E-Mail f.muster@gmx.de

REFERENZLISTE

1. **Maschinenbau AG, Bochum**

   Ansprechpartner:
   Klaus Muster
   Geschäftsführer (direkter Vorgesetzter)
   Tel. 02 34 / 12 34-56 78 oder
   mobil 01 70 / 1 23 45 67

2. **Technologie International GmbH, Bielefeld**

   Ansprechpartner:
   Kathrin Muster
   Sales Director Europe (direkte Vorgesetzte)
   Tel. 05 21 / 1 23-34 56

3. **IT-Systemlösungen GmbH, Duisburg**

   Ansprechpartner:
   Fritz Muster (direkter Vorgesetzter)
   seinerzeit Projektleiter, jetzt General Manager IT bei Neue Firma GmbH in München
   Tel. 0 89 / 1 23-4 56 oder
   mobil 01 72 / 1 23 45 67

4. **Projekt bei Kundenfirma AG, Essen**
   Konzeption und Durchführung eines CRM-Systems, Rollout in alle 35 deutschen Niederlassungen

   Ansprechpartner:
   Frank Muster
   Geschäftsführer (Ansprechpartner auf Seiten des Auftraggebers)
   Tel. 02 01 / 1 23-45 67

Fabian Muster

Musterstraße 99
12345 Musterstadt
Tel. 01 23 / 99 99 99
Mobil 01 60 / 9 99 99 99
E-Mail f.muster@gmx.de

REFERENZLISTE

1. **Maschinenbau AG, Bochum**

   Ansprechpartner:
   Klaus Muster
   Geschäftsführer (direkter Vorgesetzter)
   Tel. 02 34 / 12 34-56 78 oder
   mobil 01 70 / 1 23 45 67

2. **Technologie International GmbH, Bielefeld**

   Ansprechpartner:
   Kathrin Muster
   Sales Director Europe (direkte Vorgesetzte)
   Tel. 05 21 / 1 23-34 56

3. **IT-Systemlösungen GmbH, Duisburg**

   Ansprechpartner:
   Fritz Muster (direkter Vorgesetzter)
   seinerzeit Projektleiter, jetzt General Manager IT bei
   Neue Firma GmbH in München
   Tel. 0 89 / 1 23-4 56 oder
   mobil 01 72 / 1 23 45 67

4. **Projekt bei Kundenfirma AG, Essen**
   Konzeption und Durchführung eines CRM-Systems, Rollout in alle
   35 deutschen Niederlassungen

   Ansprechpartner:
   Frank Muster
   Geschäftsführer (Ansprechpartner auf Seiten des Auftraggebers)
   Tel. 02 01 / 1 23-45 67

Ausgewählte Literatur und Links

- Arnulf Weuster/Brigitte Scheer, Arbeitszeugnisse in Textbausteinen: Inhalte, Formulierung, Analyse, Recht. Boorberg-Verlag 2019 (14., überarbeitete Auflage)

- www.arbeitszeugnisgenerator.de/

- www.arbeitszeugnis-forum.de/

Bildnachweis

Grafik in Kapitel 3 nach einer Idee von Jochen Mai mit dessen freundlicher Genehmigung, www.karrierebibel.de

Noch Fragen?

Gern erarbeiten wir mit Ihnen gemeinsam einen Zeugnisentwurf. Zur Erörterung von Einzelheiten kontaktieren Sie uns einfach per E-Mail an presse@karriere-mit-vision.de.

Auf Wunsch prüfen wir auch Ihren eigenen Zeugnisentwurf, den Sie auf Basis dieses Buchs erstellt haben. Die Prüfung erfolgt hinsichtlich Rechtschreibung, Zeichensetzung, Grammatik und Stil, inhaltlichem Aufbau und Ordnung sowie der optimalen Verwendung von Zeugnissprache. Wir korrigieren kleinere Unstimmigkeiten, kommentieren problematische Textstellen und geben Ihnen bei Bedarf Tipps zur Änderung.

Das Honorar vereinbaren wir individuell nach Aufwand.

Cornelia Riechers

Die ultimative Initiativbewerbung im verdeckten Stellenmarkt: Ihr Turbo zum Traumjob

Taschenbuch · 191 Seiten
€ [D] 15,90
ISBN 978-3-96014-901-9

Sie wollen Ihren Traumjob finden? Der kürzeste Weg dorthin führt über den verdeckten Stellenmarkt, der immerhin 80 % aller Vakanzen umfasst. Wie Sie sich dort effektiv bewerben und wie Sie mit Ihrer Initiativbewerbung Ihren Wunsch-Arbeitgeber mitten ins Herz treffen, das erfahren Sie in diesem Buch. Mit der Strategie des Zielgruppenbriefs hat Cornelia Riechers schon mehr als tausend Bewerber zu ihrem Traumjob begleitet. Hier zeigt sie Ihnen Schritt für Schritt, wie der Zielgruppenbrief funktioniert, wie Sie ihn konzipieren, aufbauen und texten, wie Sie das gesamte Projekt organisieren und wie Sie mit den Antworten umgehen. Checklisten und Mustertexte erleichtern die Umsetzung. Die Anleitung liest sich frisch und lebendig, nicht zuletzt dank der vielen Beispiele von echten Bewerbern.

www.karriere-mit-vision.de/turbo-zum-traumjob

Cornelia Riechers

Karrierecoaching zum Traumjob: Kompetente Berater finden, Bewerbungstipps, Erfolgsstorys

Taschenbuch · 111 Seiten
€ [D] 10,90
ISBN 978-3-96014-974-3

Sie wollen Ihren Traumjob finden und brauchen dabei Unterstützung? Bei der Auswahl eines Karrierecoachs können Sie gar nicht kritisch genug sein! Wie Sie dessen Qualifikation testen und schwarze Schafe aussortieren, zeigt Ihnen die Outplacement- und Karriereberaterin Dr. Cornelia Riechers in diesem Buch. Aus eigener Erfahrung enthüllt sie die erschreckende Inkompetenz mancher Karrierecoaches. Im zweiten Teil finden Sie zehn prägnante Insider-Tipps, wie Sie mit Ihrer Bewerbung zum Ziel kommen. Und in Teil 3 können Sie anhand der Erfolgsstorys von zehn realen Kandidaten nachvollziehen, wie diese die von Cornelia Riechers empfohlenen Strategien umgesetzt und so ihren Wunschjob gefunden haben.

www.karriere-mit-vision.de/karrierecoach-gesucht

Cornelia Riechers

OUTPLACEMENTintern

40 Jahre Outplacement-Beratung in Deutschland

Taschenbuch · 224 Seiten
€ [D] 16,90 · € [A] 17,20
ISBN 978-3-96014-736-7

Eine Insiderin dokumentiert die Entwicklung der Outplacement-Beratung in Deutschland von den Anfängen bis zur Gegenwart. Cornelia Riechers präsentiert kurzweilige Informationen über den Markt, über Konzepte und Produkte, über prägende Persönlichkeiten, über Berufsverbände und über das gespaltene Verhältnis der Outplacement-Branche zur Öffentlichkeit, garniert mit kleinen Anekdoten aus ihrem Nähkästchen. Der zweite Teil bietet Tipps für den praktischen Einsatz von Outplacement-Beratung aus der Sicht von Arbeitgebern und von Arbeitnehmern. Zudem werden veröffentlichte Erfahrungsberichte von Outplacement-Auftraggebern und Klienten vorgestellt.

www.karriere-mit-vision.de/outplacement-intern